# 經營企業與經營人生

濟群法師 著

# 目錄

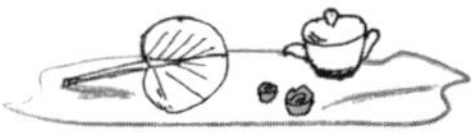

# 推薦序

企業家是當今社會不容忽視的一個群體，其數量之多，從事行業之廣，在中國歷史上是前所未有的。尤其在鼓勵自主創業的大環境下，這個群體還將不斷增長。在經營企業的過程中，人們最先關注的往往是事業、財富、地位、名望，以及功成名就後的享樂，卻忽略了最爲根本的人生問題。在很多人心目中，企業成功就等於人生成功，只要全力以赴抓住機遇，把企業做大做強，自然就是人生贏家。

是不是這樣呢？如果不是，那麼什麼是人生的成功？

打開這本書，聽法師娓娓道來。如果你有幸聽過現場，那麼更要祝福你——與書中的世界再相逢的幸福感，有如盛夏之遇清風，身心輕安，仿佛法會還沒散場。

本書內容豐富多彩，分爲十餘個章節，講到傳承文化與做人做事、關於成功的思考、企業家的現實價值與終極價值等等。做企業的最終意義是什麼？怎麼獲得人生幸福？怎麼權衡利益和道德、世間和出世間的關係？怎麼帶著智慧做人做事？怎麼使自利和利他統一起來，讓企業發展、讓人生成功？

中國有自身的文化傳統，就像健康而發達的根系，可以爲商業文明輸送眞正的養分。近年來出現的儒商、佛商、道商，都是希望依託東方文化建構價值觀，在此基礎上學會做人和經營企業。

誠如法師所說：企業生產優質產品，必須瞭解標準，依此落實。如果不清楚標準，或標準很低，是無法提高品質的。人生也是同樣，只有認識生命的終極價值，瞭解成功的最高標準，付出的努力才能導向這個目標。做爲企業家，我們應該在傳統文化中吸取養分，以長遠的眼光規劃人生，才能實現眞正的成功。

讀書，容易把心靜下來，認認眞眞地思考。同樣，做企業也需要這種專注的精神。然而在通訊便捷的今天，人們時時處在各種資訊的轟炸中，變得難以專注。因爲散亂，就會在不知不覺中被控制、被干擾。因爲心靜不下來，思惟就會遲鈍，工作效率和創造力因此受到影響。

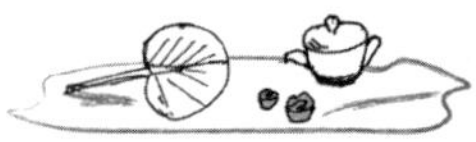

本書也有關於禪修的指導——透過對專注的訓練，讓我們把心帶回當下。每天雖然面對很多事，但每個當下只想一件事，只做一件事，就不會妄念紛飛，使能量被各種碎片消耗殆盡。

打開這本書，好似與作者交談、與自己交談，豐盈了心神，尋找到本眞。學會帶著正念做每件事，專注，了了明知，就能在前行途中走好每一步。

現在社會變革、技術發展非常之快，新的知識、新的理論、新的技術都需要我們借助書本進行學習，很多東西都要從一些新的書籍中學到，所謂好書，就像這一本，能令你心頭一震，眼前一亮，它一定是回答了你心中最疑惑的問題，讓你如獲至寶，讀起來愛不釋手，讀完後還要珍藏起來。

讀法師的書，會感到內在奔騰著喜悅的河流。書裡的文字充滿了人生哲理，散發著智慧的光芒。讀著，內心也變得空靈起來。歲月深處，花繁柳密，使人眼花繚亂；世路縱橫，蹊徑崎嶇，令人心緒不寧。惟有至善之心，如林間的呦呦鹿鳴，泠泠泉音。

萬壑松聲山雨過，一川花氣水風生。讓我們懷著誠敬的心情，恭讀這本書吧。每個人內心都有一盞智慧明燈，當這盞燈被點亮時，就能回歸清淨心，開啓生命本具的無盡寶藏。

二〇二一年十一月

靜好（文字工作者）

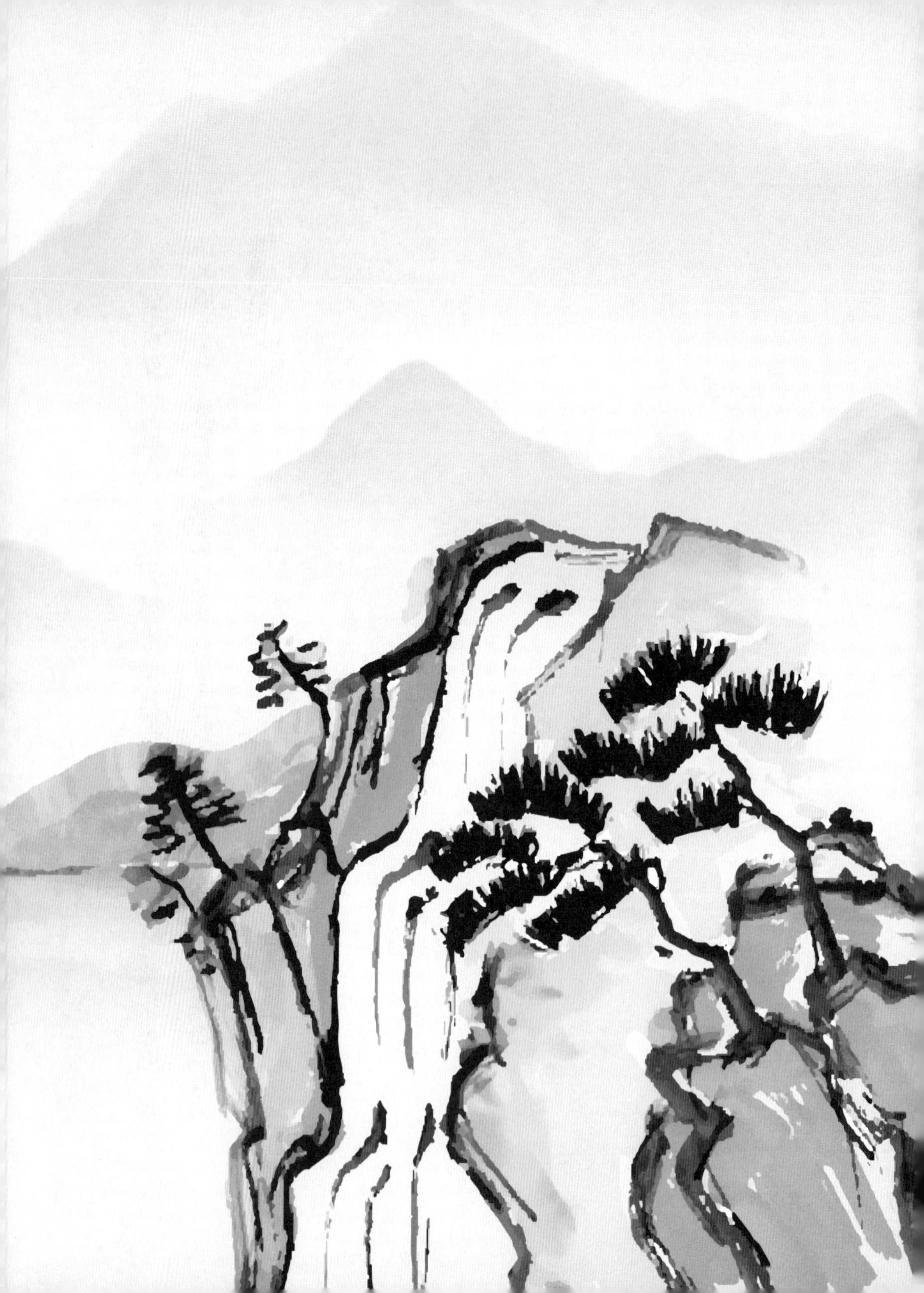

# 1

# 企業與人生

企業家是當今社會不容忽視的一個群體，其數量之多，從事行業之廣，在中國歷史上是前所未有的。尤其在鼓勵自主創業的大環境下，這個群體還將不斷增長。除了促進經濟發展，企業家們也比普通大眾承擔了更多的社會責任。因爲每個企業都有員工、客戶、同行，有些還要直接面對消費者。眾多的社會關係，使他們的所思所想和所作所爲不僅關係到個人，還不同程度地影響到相關人員，乃至各行各業。在某種意義上，他們甚至代表了當代的價值風向標。所以說，企業家能否樹立正確的人生觀尤爲重要，也就是現在常說的能力越大，責任越大。

在做企業的過程中，我們是讓人生得到提升，還是帶來種種問題？今天的不少企業家是改革開放後迅速成長起來的，在「發展就是硬道理」的大環境下，在近幾十年的經濟巨變中，人們最先關注的往往是事業、財富、地位、名望，以及功成名就後的享樂，卻忽略了最爲根本的人生問題。

在很多人心目中，企業成功就等於人生成功，只要全力以赴抓住機遇，把企業做大做強，自然就是人生贏家。是不是這樣呢？企業的成功有很多具體指標，這點大家比我更清楚。那什麼是人生的成功？

曾聽不少企業家說，他們創業的初衷只是爲了讓自己和家人過得更好，或實現某種抱負，以爲這樣就能獲得幸福，彰顯自我價值。可是在企業發展、生活改善之後，在暫時的滿足和喜悅之後，幸福並沒有如期而至，反而有了過去想像不到的壓力、煩惱、困惑，甚至心理疾病。據有關資料顯示，在日漸增長的抑鬱症患者中，家財萬貫的企業家不在少數。

爲什麼會這樣？做爲企業家，怎樣才能獲得人生幸福？這就涉及幾個問題。首先，如果企業成功不等於人生幸福，這種成功的意義是什麼？其次，在做企業的過程中會面臨道德和利益的衝突，利益得失就在眼前，而道德的價值未必立刻顯現，如何抉擇？違背道德又有什麼後果？第三，現代人普遍活得很累，而企業家背負更多責任，怎樣在重重壓力下擁有超然的心態？今天，我想從佛法角度談談這些問題。

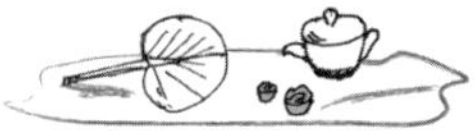

## 傳承文化與做人做事

現代企業源自西方，他們是怎麼看待並解決這些問題的呢？在馬克斯·韋伯的《基督新教倫理與資本主義精神》[1]中，闡述了基督新教倫理對資本主義發展的影響，在於價值觀和道德的建構。對沒有宗教信仰和終極價值觀的人來說，工作就是工作，只有現實利益。而在新教倫理中，把努力工作視爲實現終極價值的過程，以此榮耀上帝，所以是美德的體現。

自古以來，宗教就是道德建立的基石。沒有這個基石，僅從當下的現實利益，確實不容易看到道德的價值。就像人們常說的：爲什麼我做了好事沒好報？沒好報何必去做？此外，一般人賺錢是爲了自己和家人，道德卻要求我們從利己到利他。而人有自私的天性，對利他通常是無感的，何況是利益一切眾生，更與自身習性相違。這就必須認識利他的意義，否則是不可能落到實處的。

新教倫理之所以能在資本主義發展中起重要作用，關鍵就是對終極價值和道德體系的建構。在中國現代化進程中，大量吸收了西方的商業文明，從引進技術到學習管理，關注重點在於怎麼把企業做好。但僅僅這樣是不完整的。如果把西方商業文明和其立足的終極價值視為一棵樹的話，我們拿來的只是屬於枝條的部分，還要經過嫁接才能健康成長。

在我們生命中，有妄心和眞心兩套系統。前者是凡夫現前的生命狀態，是以貪瞋癡為根系的，如果將商業文明與此結合，必然開出惡之花來。這些年，偽劣產品、惡性競爭、逃稅漏稅等問題被頻頻曝光，卻屢禁不止。其根源就在於，人們只看到現世的短暫意義，結果利欲薰心，為所欲為。

如何使大家自覺守法，誠信經營？必須從做人開始，確立終極價值。這樣才能從更高的角度看待利益，做出抉擇，而不是唯利是圖。關於做人和終極價值的問題，中國有自身的文化傳統，就像健康而發達的根系，可以為商業文明輸送眞正的養分。近

1 馬克斯・韋伯（Max Weber）著，康樂、簡惠美譯，《基督新教倫理與資本主義精神》（*Die protestantische Ethik und der Geist des Kapitalismus*），臺北：遠流，二〇〇〇年。

年來出現的儒商、佛商、道商，都是希望依託東方文化建構價值觀，在此基礎上學會做人和經營企業。日本的稻盛和夫就在做這樣的探討，並且卓有成效，也引起了國內企業家的關注和效仿。

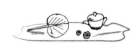

做企業的最終意義是什麼？怎麼獲得人生幸福？怎麼權衡利益和道德、世間和出世間的關係？關於這些問題，佛法的心性論和因果觀提供了答案。

每個人都希望成爲更好的自己，心性論告訴我們，什麼樣的生命品質才是最圓滿的。可以說，比新教倫理更直接。因爲新教倫理的前提是信仰上帝，然後才願意爲榮耀上帝而努力；如果不信上帝，這個目標就不成立了。從佛法角度看，這是「心外求法，與道懸遠」。但「成爲美好的自己」是每個人共同的願望，並不僅僅局限於某些人。而因果觀讓人瞭解生命的發展規律，我們希望得到什麼樣的結果，就要在因上做出相應努力。總之，我們所做的一切是基於對自己的負責，並不是爲了取悅外在的神。

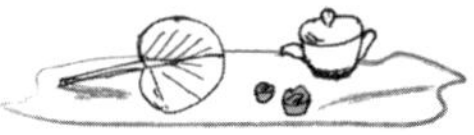

## 關於成功的思考

今天的人特別渴望成功，所以社會上流行各種關於成功學的書籍和課程，告訴你怎樣才能成功。這些觀點看似形形色色，其實都立足於世間名利。而從更高的層面來看，我們會發現，在不同的文化背景下，有著不同的成功觀。對國人來說，主要有三種。

### 三種成功觀

一是世間所說的成功，主要在於企業做得多大，資產有多少，可以透過《富比士》、胡潤百富（編按：中國富豪榜）之類的排行榜來衡量。

二是儒家所說的成功，以立德、立功、立言爲三不朽的人生，並提出修身、齊家、治國、平天下的做人之道。從提升自身修養，到促進家庭和諧、國家安定，最後使天下太平。其特點在於重視做人的基礎，但主要在於這一生。

三是佛教所說的成功，不僅關注今生，更重視生命的未來。佛教認爲，今生只是無盡輪迴中的一個片段，既是過去的結果，也是未來的起點。這種輪迴的本質是痛苦的，只要我們還有迷惑和煩惱，就不可能眞正幸福。修行的目的，一是瞭解輪迴原理，二是斷除惑業，成就覺醒和解脫。

## 什麼是真成功

在這三種成功觀中，世間的成功雖能帶來榮耀，滿足自我的重要感、優越感、主宰欲，但在今天的激烈競爭中，要維護這三種感覺非常辛苦。況且事業是無常的，當我們從生命的角度，會看到這種成功不過是暫時的假像而已。不論現在多麼風光，當死亡降臨，再多的錢，再大的權力和名望，都沒有任何幫助。

儒家重視做人，從個人的修身養性，到齊家、治國、平天下，這就要求我們必須自尊自律，成爲有德君子，才能追求並實現平天下的理想。相對單純地做事，並對成功提出了更高的要求，不足之處在於儒家的重點是現世，不太關心終極問題。但要知道，我們只是這個世界的過客而已，幾十年後，生命去向何方？怎麼使當下所做的一

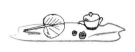

切成爲永恆的福祉？

佛教追求的成功，不僅關注當下，也關心過去和未來；不僅關注現世利益，更關心終極價值。透過對心性的認識，引導我們瞭解生命潛藏的無限價值；透過相應的修行，在實現現實價值的同時，成就終極價值；並透過因果觀告訴我們，如果想有更好的未來，要在因上做出哪些努力。

就像生產優質產品，必須瞭解標準，依此落實。如果不清楚標準，或標準很低，是無法提高品質的。人生也是同樣，只有認識生命的終極價值，瞭解成功的最高標準，付出的努力才能導向這個目標。做爲企業家，我們應該在傳統文化中吸取養分，以長遠的眼光規劃人生，才能實現眞正的成功。

## 精神財富與人生幸福

改革開放以來，中國社會經歷了從貧窮到富有的迅速發展。在物質匱乏的年代，我們以爲有了條件就能幸福，但現在很多人富起來了，卻發現幸福並沒有隨之而來。

不少人雖說事業做得很大，錢很多，但煩惱同樣很多。幸福是什麼？影響幸福的因素有哪些？

## 幸福和欲望有關

通常來說，幸福就是一種滿足感。當我們得到想要的東西，欲望得以滿足，就會覺得幸福。這是最容易感受到的。正因爲這種感覺，使人們對幸福產生了誤解，以爲擁有更多就會更幸福。事實上，欲望帶來的滿足很短暫，而且閾値會不斷增長。曾經，人們得到十塊（編按：本書金錢貨幣爲人民幣）就會感覺幸福，但標準很快提高到百元、千元、萬元，乃至百萬、千萬。這種改變就發生在短短幾十年，不少人應該會有切身體會。當幸福的成本越來越高，意味著我們要爲此付出更多努力，這就使現代人活得很累。

所以古人推崇知足常樂，佛教提倡少欲知足。當欲望減少，就像一個小杯子，一點水就能裝滿，很容易感到幸福。因爲成本低，幸福就能不斷持續。但當欲望迅速提升，就像水缸、池塘甚至更大，就難以填滿了。如此，建立在欲望基礎上的幸福變得越來越難，對外界的依賴也會隨之增多，進而引發焦慮、恐懼、沒有安全感。從另一方面來說，欲望升級要有更多的財富支援，這就需要消耗資源，對生態環境造成破壞，甚至給地球帶來不可逆轉的傷害。

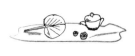

可見欲望具有兩面性，雖能給人帶來幸福感，但副作用很大。看清這一點，才能對人生做出合理規劃，不過度索求，同時取之有道。

## 煩惱是幸福的殺手

今天的人雖然衣食無憂，但內心往往缺乏安全感。當我們被煩惱控制時，就會妄念紛飛，躁動不安，哪怕條件再好，也無法感到幸福。我們什麼時候最容易幸福？很多人會想到童年，在那些無憂無慮的時光中，留下了很多幸福的回憶。日漸長大後，雖然擁有得越來越多，但煩惱也隨之增長，久而久之，使我們失去幸福的能力。

佛法認爲，心既是幸福的根本，也是痛苦的源頭。當心處在無明迷惑時，會不斷製造焦慮、恐懼、貪婪、仇恨、自私、嫉妒等負面情緒，痛苦在所難免。這就必須透過修行斷除煩惱，照見本來清淨的心。就像天空，雖被雲層遮蔽，但雲開霧散，依然澄澈無染。這個清淨心正是幸福之源，本身會源源不斷地產生喜悅，無關欲望，無須所得。

世人由家庭、事業、財富等外在條件得到滿足，雖然也能帶來短暫的幸福感，但同時伴隨著各種副作用，是有苦之樂。只有斷除煩惱，才是純粹、圓滿的無苦之樂。

## 精神財富與幸福

如果把心靈比作花園的話，煩惱就是其中的雜草。當我們清理雜草、改良土壤後，還要進一步播下花種，培養與幸福相關的良性心理。

一是知足。古人早就告誡我們，知足才能常樂。當一個人對生活的要求降低了，幸福的成本會隨之降低，意味著我們更容易獲得幸福。反之，如果貪得無厭，難以滿足，是無法感到幸福的。

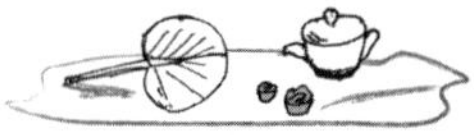

二是感恩。如果沒有感恩心，看別人往往沒感覺，甚至會心生對立，覺得世上都是敵人，都在算計你。當你帶著這樣的心態看人，看到誰都不歡喜，別人看到你也不歡喜。如果我們認識到，自己每天在享受他人的給予，不僅是父母、親戚、朋友的幫助關愛，還有社會各行各業的人提供服務，乃至飛鳥魚蟲，都在爲地球共建生態環境，就能帶著感恩心看待眾生，看到一切都心生歡喜。當我們以這樣的心看待眾生，就會產生親和力，讓眾生歡喜，被眾生接納，這種和樂就是幸福的助緣。

三是接納。生活中有順境和逆境，一般人在順境中才能幸福，一旦遭遇逆境，立刻陷入痛苦。因爲不接納，就會進一步把問題無限擴大，難以自拔。如果我們有接納的能力，在面對逆境時不牴觸，更不介入仇恨、糾結、抱怨等不良情緒，那麼逆境不過是暫時的對境而已，提醒自己加以反思並解決問題，而不是因此帶來傷害。

四是寬容。很多時候，煩惱就來自不寬容、不慈悲，哪怕很小的事，都會斤斤計較，徒增煩惱。當我們以寬容、慈悲之心對待他人，就能廣結善緣，而不是製造對立，所謂慈悲沒有敵人。

## 智慧不起煩惱

除了良性心理，智慧也是幸福的根本所在。我們每天都面對各種問題，會受到什麼影響，關鍵不在於事情本身，而在於我們怎麼看待。如果積極正向地看問題，再不好的事情也會得到轉化，甚至變成好事。

不少人喜歡說「一切都是最好的安排」，說起來容易，但能不能成爲最好的安排？關鍵不在其他，而在我們看問題的方式。如果沒有轉換的智慧，總是帶著負面心態，就會庸人自擾，散布不良情緒。透過學習佛法，學會用智慧的眼光去看待問題，無論發生什麼，都不會給我們帶來煩惱和傷害。

我常說——你是什麼，比擁有什麼要重要。現代人只關心「我擁有什麼」，卻忽略了「我是什麼」。但要知道，如果沒有幸福的能力，即使擁有再多，也不會感到幸福，反而問題重重。所以我們在經營企業的過程中，不僅要關注物質財富，還要重視心性修養和精神財富，這樣才能給生命帶來究竟利益。

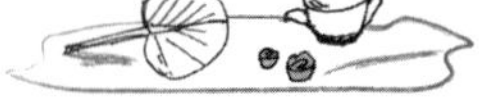

## 利益與道德

很多人把利益和道德對立起來，認為講利益就是不講道德，講道德就不該講利益。又或者，認為道德是虛無的，利益才是實實在在的，不必為虛無的道德損害現實利益。真是這樣嗎？事實上，現在全社會都嘗到了不顧道德的苦果，都在為這種唯利是圖的行為買單。做為企業家，比普通人更多地面對這一抉擇，何去何從？

### 正確認識道德

儒家道德是依社會倫理建立的，作用主要是處理自己與家庭、他人和社會的關係，似乎都是出於外在而非生命自身的需要。如果這樣的話，那麼大家都遵守道德時，我才有必要遵守。而當大家不遵守道德時，這麼做似乎就是傻瓜，是吃虧。其實，這是對道德的錯誤認識。

從佛法角度看，道德是立足於自身需要。在踐行道德過程中，自己首先是最大受益者，然後才是社會大眾。為什麼？還是要回到剛才所說的心性論和因果觀，這也是道德建立的基礎。

心性代表生命的存在。我們內心有佛性，也有魔性；有善的力量，還有不善的力量。在座各位能成爲今天這樣的人，具備這樣的能力、性格、興趣愛好、生活方式，這一切是由什麼決定的？其他宗教認爲是神造的，也是神在決定你的窮通禍福。

佛法認爲，生命發展遵循因緣因果的規律。因就是身語意三業，即我們每天做些什麼，說些什麼，想些什麼。所有這一切有兩種結果，一是外在結果，即由此形成的能力、成就和帶來的社會效應等；一是內在結果，即我們的觀念、心態和生命品質。生命是長期的累積，善行會產生良性累積，不善行會產生不良累積。我們希望成爲更好的自己，就要給生命以良性累積。

生命就像產品。我們知道，產品品質是取決於原料和工藝。對生命產品來說，身口意三業既是原料，也是工藝，而道德則是升級原料、改良工藝的關鍵。所以說，我們自己就是道德的受益者，然後才由己及人，利益大眾。

如果我們對道德有正確認識，基於對自身的負責，一定會自覺自願地遵守道德。

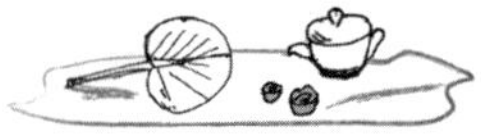

誰不想讓自己變得更好呢？所以觀念非常重要，這是道德能否落地的決定因素。

## 道德和利益並不對立

很多人認爲佛教是排斥利益的，其實不然。佛法重視兩種利益：一是現世利益，提供生存所需，使人生美滿；一是究竟利益，成就生命的終極價值。

《金剛經》中，佛陀一方面闡述了空性智慧的重要性，讓我們以無我、無相、無所得之心待人處世；一方面透過七次較量功德，反覆告訴我們讀誦受持此經的利益。以三千大千世界七寶布施，以恆河沙數身命布施，所獲功德都比不上開啓智慧，而且是百千萬分不及一。

一般人聽了可能會產生懷疑，但如果我們瞭解其中原理，會發現這並不誇張。一個人擁有再多財富，能買到所有享樂，但能買到快樂嗎？只要生命品質沒有改善，內心依然會煩惱重重。《金剛經》的智慧正是引導我們解除煩惱，獲得幸福，進而幫助普天下的芸芸眾生解除煩惱，獲得幸福。認識到這一點，我們就能確信，成就智慧的利益，是再多財供養都無法相比的。

雖然佛教不否定利益，而且鼓勵我們以正當手段追求利益，但同時也提醒我們不要執著，也就是《金剛經》說的「所謂福德者，即非福德，是名福德」。當我們不著相的時候，心才會像虛空一樣，成就的功德也像虛空一樣。但執著福德的話，就會從無限變成有限的一點點。

人們之所以把道德和利益對立起來，是因爲不瞭解傳統文化，缺乏宗教信仰。當我們沒有精神追求，就會把物質利益最大化，以爲擁有財富才能出人頭地，彰顯自我價值。而當我們有了精神追求，就會看到世間利益是暫時的，其作用一方面是滋養色身，做爲修行資糧；一方面是利益眾生，導向終極價值。

## 道德有助於實現利益

道德是一種行爲準則，與此相關的，還有法律和戒律。其中，法律是最基本的道德，而戒律則是根據修行需要，將某些行爲固定下來，做爲佛弟子必須遵循的準則。

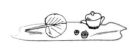

但凡夫的本性是貪瞋癡，是無明我執，所以不少人只認可法律，卻覺得道德和戒律是一種束縛。

我們知道，法律是公民安全和社會正常運轉的保障。事實上，道德不僅有助於自身成長，也有助於社會和諧。如果大家缺乏道德，唯利是圖，想方設法地鑽法律的漏洞，將給自己和社會帶來無窮後患。

從企業經營來說，誠信是基本道德。改革開放四十年來，先後出現了無數企業，有的發展壯大，也有的曇花一現。爲什麼有這些不同？企業發展不僅要經營有方，還要講究誠信，兩者缺一不可。多數人只看到經營的部分，甚至爲牟利不擇手段。其實，誠信才是企業的立足之本。國外有很多百年企業，正是因爲講究誠信，遵循契約精神，才有了長久的生命力。

此外，利他也有助於我們把企業做大做強。稻盛和夫就是奉行敬天愛人的信念，成就了兩家世界五百強企業。簡單地說，就是要有良心，遵循因果規律，同時本著利他心經營，而不僅僅是爲了自己賺錢。現在不少企業家說，做企業是因爲「大家要靠我吃飯」，似乎是爲了利他，其實首要目的還是爲了自己。當你只想著自己，你的事就是你的事，別人只是爲了報酬來工作而已。只有當你處處爲大家著想，帶著利他心去做，你的事才能變成大家的事，招感各方善緣，共同推動企業發展。

很多網際網路企業就是本著免費原則，透過平台爲大眾創造方便，廣結善緣，最後得到了極大發展。包括現在的共用經濟，也要有利他的前提。當你想著利益大家，大家才會認可你、接受你，利益由此而生，所謂人脈就是錢脈。

自古以來，宗教傳播到世界各地，到處都有寺院和教堂。用現在的話說，就是遍布連鎖店。同時還有無數義工無償提供服務，有專職的，也有業餘的。爲什麼大家願意參與？就是因爲免費原則，因爲利他心。

在佛法修行中，利他和自利是統一的，反之，害人就等於害己。如果一個人整天想著自己，必然煩惱重重。而當你時時想著別人，就沒時間爲自己煩惱了。所以說，一切煩惱都和自我有關。利他不僅能弱化我執，解除煩惱，還能提升人格。在利他過程中，內心的慳貪、狹隘、嫉妒、自私、貪婪、仇恨等負面情緒會被化解，慈悲等正

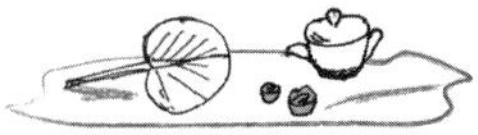

向心行隨之增長，源源不斷地產生福報。

佛教在心性層面爲我們指出了道德的意義，包括眼前利益，也包括長遠利益乃至究竟利益。正確認識道德和利益的關係，生起利他心，對企業誠信經營很有幫助。利他不是口號，也不是理想，當我們眞正認識到其中原理並落到實處，一定能由自身改變感受到這麼做的利益，就會自覺踐行。

## 入世與出世

據《國際商業問卷調查報告》顯示，伴隨經濟的快速增長，中國企業家的工作壓力居全球首位。除了事務性的繁忙，主要壓力其實是來自執著。怎樣才能在工作中修行，在忙碌中保持超然？必須以出世心做入世事。關於入世和出世，儒家和佛教有不同側重。

## 儒家重入世

儒家思想立足於人本，關注現實人生，強調做人做事，基本架構爲「修身、齊家、治國、平天下」。從自己的修身養性，到處理好家庭關係，進而造福社會、讓天下和平安定。這條路徑主要透過入仕爲官來實現，但並不是每個人都有這種因緣。

如果沒有因緣，那就獨善其身，等有條件時再兼濟天下。還有人在仕途受挫或做得太累後，也會選擇退隱。所以儒家並不完全是入世，也有一定的隱世思想。但後者多半是無奈之舉，是退而求其次的選擇，並不是主動出世。

## 佛教出世與入世並重

一直以來，佛教都給人以消極避世的印象。事實上，佛教根據眾生的不同根機，爲我們提供了人天乘、聲聞乘和菩薩乘三條道路。

首先是人天乘，即怎麼做完美的人、幸福的人、有道德的人。在這個問題上，佛教和儒家、基督教的視野不同。儒家是一世論，著重現世。基督教是兩世論，只有現

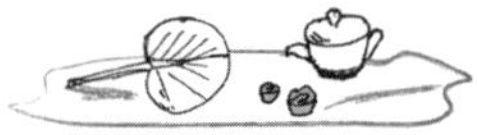

在和未來。因爲所有人是上帝所造，起點相同，未來或是升天堂，或是下地獄，也由上帝決定。佛教則有過去、現在、未來三世，認爲生命就像河流，今生只是其中一個片段。在空間上，有天、人、阿修羅、地獄、餓鬼、畜生六道，及聲聞、緣覺、菩薩、諸佛的聖賢世界，合爲六凡四聖的十法界。

所以佛教講到入世時，不僅關心今生，還關心未來；不僅關心當下的人身，還要看到十方世界的不同維度。從這些角度爲我們闡述了生命的延續規律，那就是因緣因果。遵守五戒十善，來生才能繼續做人，否則就會失去做人資格，墮落惡道。

佛教不以天堂爲究竟歸宿，認爲從修行來說，人的身份最理想。因爲人有理智，能聞思佛法，如理修行，認識宇宙人生的眞相。而且人間有苦有樂，促使人們爲離苦得樂而努力。所以佛教認爲：眞理和智慧屬於人間，終不在天上，鼓勵我們珍惜人身。

人天乘的因果告訴我們，什麼行爲是有價值的，將給生命帶來良性結果，什麼行爲會帶來不良後果。對於企業家來說，如果不誠信經營，就會造下惡業。不僅給他人造成傷害，也會給自己帶來苦果。

其次是聲聞乘，主要強調出世。因爲不論當下處境多麼美滿，只要還有迷惑煩惱，生命就不是圓滿的。所以聲聞乘的目標是斷除煩惱，成就解脫。在修行上要少事少業，過最爲簡單的生活，最好入山靜修，免受紅塵干擾。佛教的出家制度就和解脫道修行有關。

第三是菩薩乘，強調以出世心做入世事。佛教修行有出離心和菩提心。如果只想個人解脫，是出離心。如果在解脫的同時，發願幫助普天下的芸芸眾生解除煩惱，離苦得樂，則是大乘的菩提心。你是不是大乘，就取決於有沒有這個願望。

有了願望之後，還要提升自己的智慧和能力，否則是泥菩薩過河，自身難保。所以既要重視心性修養，提升悲智二德，還要從五明處學。所謂五明，除了做爲內明的佛學，還有世間的工藝技術、語言文學、邏輯和醫學等。掌握各種能力，才能以無量方便利益眾生。

眾生形形色色，從事各行各業，菩薩爲了利他，要以各種身份出現。本著利他濟

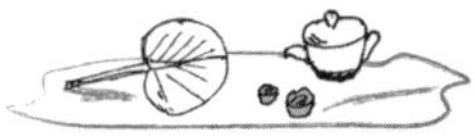

世之心做企業，或從事教育、醫療、服務等一切正當行業，都可以成爲菩薩。

但僅有利他心還不夠，因爲凡夫都有我執，即使發起菩提心，在開始階段也是不純粹的，還夾雜愛恨情仇，所以要在利他過程中不斷提升心行，以空性慧空掉我法二執，空掉好惡、親疏之心，對眾生生起平等慈悲之心，內心沒有我，只有眾生。

雖然爲眾生做一切事，但又不執著於此。正如佛陀在《金剛經》中開示的那樣，菩薩要無住生心，無我相，無人相，無眾生相，無壽者相，雖然做種種事，但內心如虛空般沒有黏著。怎麼擁有這樣的超然心態？包括兩方面：首先是用緣起的智慧，瞭解到一切都是條件關係的假相，如夢如幻。當你對做的事情看淡了，執著自然就少了。更重要的是開發空性智慧，安住於此，自然就能不黏著。

如果企業家能帶著菩提心、利他心做事，就是在學做菩薩，把商場變成道場。這樣做的話，非但不會爲事業所累，還能讓做事成爲修行，讓企業更好地利益大眾。

在中國傳統文化中，儒釋道相互交融。《金剛經》《心經》《維摩經》《六祖壇經》等佛典，自傳入以來就受到很多儒者的推崇。王維、白居易、蘇東坡等文人士大夫，既是儒者，也是虔誠的佛教徒。如果單純接受儒家文化，一心入世，缺少出世的超然和對終極問題的解決，會過得很累。如果在入世的同時接受佛教思想，以平等慈悲之心做事，同時保有超然的心態，那麼仕途順利時不會太累，不順時也不會受到太大打擊，就能進退自如。

## 結語

以上說到幾個問題，首先是認識成功的標準，在成就現實價值的同時導向終極價值。其次是認識財富與幸福的關係，在追求物質財富的同時積累精神財富。第三是認識利益與道德的因果，杜絕違背法律和道德的行爲，提升自己，造福社會。第四是認識出世和入世的定位，以出世心做入世事，在積極入世的同時，保有出世的超然。帶著這樣的智慧做人做事，就能使自利和利他統一起來，讓企業發展，讓人生成功。

# 2

# 企業家的現實價值與終極價值

—— 2019 年講於廈門

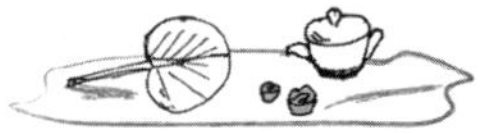

很高興和大家分享佛法。今天的主辦方是盛和塾，主要弘揚稻盛和夫先生的經營哲學。稻盛先生的思想是以佛法爲背景，瞭解大乘佛法，有助於深入理解他的經營哲學。

爲什麼要探討「企業家的現實價值與終極價值」？這關係到對「成功」的定義，並直接影響我們的人生觀和世界觀。當我們覺得什麼有價值，自然會追求什麼。不僅人生將圍繞這個目標展開，眼中的世界也會隨之改變。世界包羅萬象，但每個人都會根據自己的三觀做出取捨，構成不同的小世界。這些小世界進一步相互影響，形成世界的共業。

當今社會的價值導向中，往往以企業規模和資產多少來衡量一個人的成功。在各種財富排行榜上，一串串數位向世人昭示著成功的座標。其實，數字只能說明企業的發展狀況，屬於現實價值，並不代表企業家的生命品質，也不具有終極價值。如果以此定義成功，顯然是片面的，還會對民眾產生誤導。當人們把目光聚焦於這樣的成功時，很容易遮罩此外的一切，變成「眼中只看到錢」。這種價值觀對個人和社會造成的危害，已是有目共睹的。

什麼是眞正的成功？儒家的成功觀是立足於做人，從完善人格、具備君子德行，到造福社會，成爲「博施於民而能濟眾」的聖賢。佛教的成功觀是依人天乘、聲聞乘、菩薩乘的不同定位，止惡行善，追求解脫，最終成就佛菩薩那樣的悲智二德，並在圓滿自身品質的基礎上，進一步自利利他。

當然，儒家和佛教並不排斥財富，因爲這也是利他的重要助緣，但不能以此做爲成功的唯一標準，還要從現實價值導向終極價值。當我們具備利他心和做事的智慧，又能精進努力，自然會事業有成。這樣的成功才是全面的，不僅對自己和眾生、現前和未來沒有任何副作用，還能自利利他，使生命進入生生增上的良性循環。

如何取得這樣的成功？如何使現實價值和終極價值相統一？

## 文化傳承與精神追求

現實價值主要體現在物質層面，但這同樣離不開精神追求，也離不開文化引導。

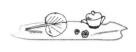

可以說，正是對終極價值的認識，決定了人們追求什麼樣的現實價值。

## 新教倫理與資本主義制度

現代企業體制是從西方的文化和信仰發展而來，但我們在引進過程中，只看到其中技術和商業的部分，卻忽略了它的文化背景。馬克斯．韋伯在《基督新教倫理與資本主義精神》中指出，資本主義精神是源於宗教改革後的新教倫理，正是這種精神，爲經濟發展注入了動力。

西方早期宗教是天主教，偏向出世，認爲塵世是短暫而虛幻的，天堂才是永恆的歸宿。人們必須透過修行、祈禱才能升天，工作不過是謀生手段，爲生活提供基本物質條件，在道德上是中性的。換言之，只有現實價值，無關終極價值。文藝復興後，西方出現宗教改革，在奉行新教的地區，經濟迅速發展。韋伯發現：「工商界領導人、資本占有者、近代企業中的高級技術工人，尤其是受過高等技術培訓和商業培訓的管理人員，絕大多數是新教徒。」爲什麼會這樣？正是源於價值觀的改變，最重要的是「天職觀」。

天職本是宗教用語，意指「上帝安排的任務」，但在宗教改革中，馬丁・路德將此與世間的「職業」一詞聯繫起來。韋伯認爲，這就「使日常的世俗活動具有了宗教意義，並在此基礎上提出了職業思想」「完成個人在現世所處地位賦予他的責任和義務，這是他的天職」「宗教生活再也不是在離開塵世的修道院裡度過，而是在塵世及各種機構中度過」。也就是說，上帝安排的任務需要在世俗職業中完成。因爲人們在塵世做什麼是神決定的，只要用心去做，同樣是主的榮耀，能因此獲得恩寵。

這就將現實價值和終極價值統一起來。當人們本著這樣的精神工作，自然不會將現實價值做爲唯一目的，因爲這只是導向終極價值的途徑。立足這一定位，就會自覺遵循相關倫理，而不是爲牟利踐踏道德。改革開放後，我們在短時間內迅速借鑒西方模式發展經濟，卻沒有認識其思想基礎，也沒有相應的本土文化爲依託，造成企業到社會的種種問題。就像引進外來物種時必須全面評估，建設相關生態，否則就會造成災難，學習制度同樣如此。

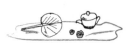

## 傳統文化與做人做事

民國時期，一些有識之士曾就如何學習西方文化展開討論，宣導「中學爲體、西學爲用」。遺憾的是，這一主張並未成爲國人接受西學的主流。尤其在傳統文化被視爲封建糟粕被排斥後，人們在很長時間處於價值觀的空窗期。近幾十年來，人們之所以會對西方的一切全盤接受，正是價值觀空缺所致。當舊已破而新未立，何以爲立身之本？問題是，這種接受還流於表面，只看到現實價值，卻沒有終極價值爲導向。這就容易使人在追求現實價值的過程中失去約束，唯利是圖，置道德甚至法律於不顧。而在現代社會，彼此的影響千絲萬縷。這些年，各種僞劣產品和豆腐渣工程已造成嚴重的社會問題，使每個人受到不同程度的傷害。

對企業家來說，建立終極價值尤其重要。首先，產品的安全、品質等問題直接關係到消費者乃至全社會的利益；其次，企業家的道德品質會對員工乃至民眾產生影響。因爲企業家屬於大家心目中的「成功人士」，其言行有一定的導向作用。

基於這些問題，不少企業家們開始反思，並在中國傳統文化中尋找養分，宣導佛商、儒商、道商等。但要知道，這不是一種包裝，更不是身份的象徵，而應該像新教倫理所說的那樣，將終極價值和現實價值統一起來，讓工作成爲修行的組成部分。透過做事完善人格，透過做人更善巧地做事，並不僅僅以做事爲目的。成爲佛商，是要發菩提心，奉行五戒十善乃至菩薩戒，由自利進而利他。成爲儒商，則要奉行仁義禮智信、溫良恭儉讓的品行，成爲有德君子，進而齊家、治國、平天下。

儒家和佛教都重視利他。儒家有「爲天地立心，爲生民立命，爲往聖繼絕學，爲萬世開太平」的四句教，佛教則有「眾生無邊誓願度，煩惱無盡誓願斷，法門無量誓願學，佛道無上誓願成」的四弘誓願。這些高尚的精神追求，既可以讓現實價值得到昇華，導向終極價值，也會爲我們的工作、生活源源不斷地提供精神養分。

可能有人會擔心，佛教是宗教信仰，是否和自己的身份有衝突？其實學佛有兩個定位：一是信仰，一是文化。說到信仰，才涉及誰能信、誰不能信。但從學習文化的角度，並不存在這些問題。正如《十九大報告》（編按：中國共產黨第十九次全國代表大會報告）所說：「中國特色社會主義文化，源自於中華民族五千多年文明歷史所孕育的中華優秀傳統文化。」佛教傳入中國兩千多年來，早已和本土的儒家和道教一起，成爲傳統文化的三大源泉。如果不瞭解佛教，就無法全面認識和繼承傳統文化。習主席二〇一四年訪問印度時，曾發表「攜手追尋民族復興之夢」的重要演講，以「佛興西方，法流東國」來形容兩國深遠的文化交流，其中還引用國學大家季羨林先生的話：我必須深入瞭解佛教，才能眞正瞭解中國文化，因爲佛教已滲透到中國文化的精神血液之中。

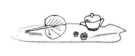

所以說，傳承中華優秀傳統文化，助力國人的心靈建設、人格建設、精神建設，是我們的責任所在。做爲企業家，如果能從傳統文化中汲取養分，完善生命品質，本著自利利他之心發展企業，造福社會，實爲眾生之幸。

## 精神追求對生命的價值

說到究竟價值，更離不開精神追求。那麼，中國人的精神是什麼？中國社會的精神是什麼？我們應該打造什麼樣的人格素養？現行教育中有沒有這些內容？

我們知道，產品是企業的生命力。擁有優質產品，企業才有持續發展的基礎。這個世界每天生產很多產品，人們也在不斷添置和更新產品，那什麼產品和我們關係最密切？不是汽車電器，也不是幾乎成爲身體一部分的手機，而是我們的生命品質。這種品質並非生來如此，而是由往昔業力構成的，又由現在的身口意三業決定未來走向。所以我們不能對它聽之任之，否則將沒有品質保障。這就需要瞭解生命的組成，知道哪些是有益身心的，加以發展；哪些是有害身心的，堅決斷除。

佛教中，將生命產品稱爲五蘊，即色、受、想、行、識五種因素的聚集。其中，色蘊屬於物質部分，即我們的身體。換言之，生命包含但不僅限於身體。此外還有感受、思想、造作、認識等心理活動，共同構成了我們的生命，也決定了生命的品質。

我們對這個產品是否滿意？事實上，凡夫的生命產品是以貪瞋癡爲主體，勢必存在各種瑕疵。所以優化生命是人生的頭等大事，否則將沒有出路。但這麼重要的事，反而最不被重視。我們從來不去瞭解它，也沒有對它加以管理，只是憑著感覺肆意使用。因爲沒有正確的三觀引導，就會不斷製造問題，製造情緒垃圾，帶來焦慮、抑鬱

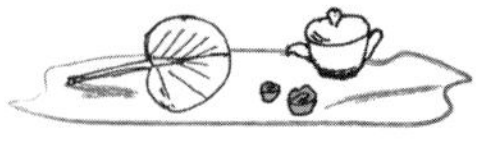

等種種心理疾病。

我們會定期檢查身體，也會定期養護汽車、裝修房子，卻沒想到，生命同樣需要管理和滋養。對身體、汽車、房子的保養，只能排除問題隱患，延長使用壽命，管理得再精心，也不過和我們相伴一生，免不了成住壞空的結局。但心理力量的積累不會隨著死亡結束，還會做爲業力，生生世世地陪伴我們。

如何打造生命產品？東方文化，尤其是佛法智慧可以爲我們提供引導，因爲生命之本在於心性。現在大家很關注心理學，而佛教自古就被稱爲心學，對心性有透徹的瞭解，對改善心性更有具體的方法，而且是從不同角度、針對不同根機施設的，用現在的話說，就是「八萬四千法，總有一款適合你」。這些方法來自佛陀的實際體證，並在兩千年來被弟子們反覆實踐和驗證，是人類寶貴的精神財富，也是打造優質生命產品的指南。我們一方面要透過聞思經教瞭解心性，從妄心到眞心，從意識到潛意識，知道心的構成和發展規律；一方面要透過禪修掌握調心之道，最終明心見性。

二十世紀以來，世界發展被西方文化全面主導。雖然科技發達，物質豐裕，但人自身的問題越來越多，也越來越不容易感到幸福。尤其在人工智慧時代到來後，大量工作被取代，還有人擔心，人工智慧快速的學習能力會全面超過人類。更現實的問題是：誰在使用人工智慧？當人們利用人工智慧犯罪，誰來負責？如果這些先進科技的使用者心智不健康，那麼工具越發達，世界將越危險，越失控。人類的出路在哪裡？

在這樣的大背景下，尤其要重視自我提升。只有具備合格的生命品質，我們才有能力用好各種工具，而這正是東方文化擅長的。所以未來發展要重視兩點，既要學習西方科技的長處，還要繼承中國傳統文化的獨特價值，讓做事和做人同步發展。

## 現實價值與長遠價值

人們投資前會充分評估，把資金投向有潛力的專案，由此獲得回報。人生投資也是同樣，需要評估什麼是真正有價值的，值得投入時間和精力。在人們關心的現實價值中，又包括眼前價值和長遠價值。

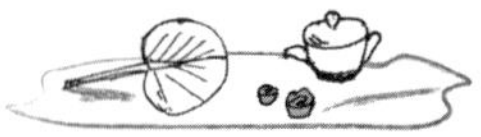

## 現實價值的不同定位

從企業來說，眼前價值是當下的利潤和市場份額，長遠價值是企業的永續發展。從個人來說，儒家立德、立功、立言的三不朽人生，既包含現實價值，也代表長遠價值。此外，「積善之家必有餘慶」是透過行善讓子孫得到庇蔭，「爲萬世開太平」是透過努力澤被後世，更重視長遠價值。

佛法怎麼看待價值呢？很多人覺得佛教重在出世，不關心現實價值，這種認識是片面的。佛教有三乘，即人天乘、聲聞乘、菩薩乘。其中，聲聞乘傾向出世，需要放棄對名利、感情、財富的追求，奉行少欲知足的生活，勤修戒定慧，息滅貪瞋癡。在世人看來，似乎不重視現實價值。事實上，他們的價值就在於斷除煩惱，完善人格。這不僅可以使自己受益，還對社會民眾具有教化作用，內修外弘，兼具眼前價值和長遠價值。

此外，佛教還有人天乘和菩薩乘。人天乘的要求是遵守道德，富有愛心，承擔相應的家庭和社會責任，與眾生和諧相處，與世間的價值觀並行不悖。區別只是對道德的要求更高，並將其中的重點形成戒律，是有持有犯的硬標準。而對菩薩乘來說，不僅要成就聲聞聖者那樣的智慧和解脫，還要把利益眾生做爲不可推卸的使命。在佛教戒律中，聲聞戒重在止惡，不做壞事即可，而菩薩戒包含三項內容，又稱三聚淨戒。一是止惡，所有壞事堅決不做；二是修善，凡提升人格的善行積極去做；三是饒益有情，凡利益眾生的事主動承擔，如布施、持戒、忍辱、精進、禪定、智慧六度，及由此衍生的一切利他行。

所以菩薩要多事多業。佛經中，觀音菩薩以千百億化身接引眾生，「應以何身得度者，即現何身而爲說法」。維摩詰居士也是這樣的典型代表，他既有高超的佛法見地和修爲，又是備受世人尊重的巨富，活躍於社會等各個階層，以在家身「執持正法，攝諸長幼」。所以說，佛教同樣重視現世價值。雖然聲聞乘重在自身解脫，但這種德行也能起到化世導俗的作用。而菩薩乘還要在此基礎上主動承擔，全心全意地爲眾生排憂解難。

## 眼前和長遠價值並行

眼前價值和長遠價值的關係，是特別需要關注的。在企業家群體中，不少人只顧眼前價值，結果在做事過程中把身體累垮了，心態做壞了，家庭不安樂了，人際關係不和諧了，甚至爲賺錢不擇手段，觸犯法律。這樣的話，即使得到一點眼前利益，也是得不償失的，苦果現前時就悔之晚矣。

如何在追求眼前價值的同時成就長遠價值？佛法認爲，道德和利他可以將兩者統一起來，使眼前價值延伸到長遠價值。首先是道德，對企業家來說，重點在於遵紀守法，講究誠信。因爲法律屬於道德底線，是必須遵循的基本行爲規範。而誠信則是企業發展的根本，對員工誠信，可以上下一心；對合作者誠信，可以招感善緣；對經營誠信，可以取得認同，增加用戶忠誠度。事實上，凡能代代相傳的老牌企業，都具備這一品質。

其次是利他精神。在稻盛先生的經營哲學中，要時常問問自己：做企業是爲了利

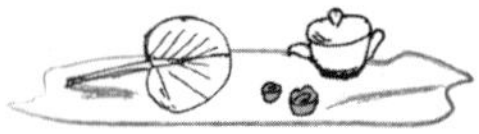

己還是利他？這個「他」包括企業的高層和員工，也包括社會大眾。只有眞正帶著利他心去做，才能得道多助，使員工帶著主人翁精神，群策群力地參與企業發展，共生共榮。反之，如果純粹以自己爲中心，讓大家爲你服務，是很難留住人心的。稻盛先生有一套阿米巴的管理方式，讓人人都有經營意識，都能發揮作用，但這麼做的前提是企業主有利他精神。否則，再好的管理也未必能有效落實。

從佛法角度說，利他的心理基礎是慈悲，而慈悲是福報的源泉。當我們有利他精神時，就能廣結善緣，得到更多的認可、尊重和護持。現代行銷學也認爲：雙贏是成雙的，對客戶和企業來說，應是客戶先贏企業後贏；對員工和企業來說，應是員工先贏企業後贏。所以網際網路公司很重視結緣，透過一些免費服務積聚人脈，讓用戶得到方便的同時，也給自己帶來利益。

除了道德和利他，還要有經營的智慧。尤其在今天這個時代，社會日新月異，市場競爭激烈，做爲企業家，必須具備有開放的胸懷和學習能力，不斷更新和提升管理機制，才能跟上時代，確保企業的健康發展。

## 現實價值與終極價值

我們來到這個世界，不過是地球七十多億人口之一。從更大範圍看，地球只是太陽系的眾多星球之一。而在銀河系，還有數千億顆太陽那樣的恆星。至於整個宇宙，更存在無量無邊的星系。這些發現都印證了佛陀在兩千多年前所說的：宇宙中有恆河沙數世界，無法窮盡。不僅如此，它們在時間上也是無始無終的。科學家認爲，宇宙由一百三十七億年前的大爆炸形成，但在佛教看來，那只是宇宙歷史的一個片段而已。

從浩瀚的宇宙回望，會覺得生命實在微不足道，甚至找不到活著的意義。如果生命就是這種人死如燈滅般的有限存在，那這短短的一生算得了什麼呢？和朝生暮死的蜉蝣有什麼本質的區別呢？好在佛法告訴我們：心的本質就是宇宙的本質，證悟心的本質，就能通達宇宙眞相，讓有限的生命成就無限的意義。

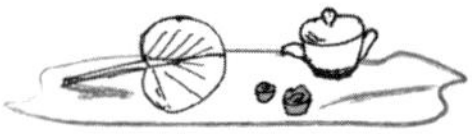

## 我們活在哪裡

我們通常以爲，人是活在共同的現實世界。但從佛法角度看，每個人都是活在各自的小世界。因爲生命並非始於今世，而是由無始的過去流轉至今，所以在我們內心有著往昔留下的種種人生經驗，及由此形成的心理力量，《楞嚴經》稱之爲前塵影事。這些共同構成了我們的業力系統。

現在的VR眼鏡可以讓人置身虛擬世界，其實，業力系統就是這樣的VR眼鏡。我們帶著業力來到世界，構成今生的存在，並透過這個認知模式看世界。所以我們看到的並不是世界眞相，而是呈現在各自認知模式上的影像。

那世界眞相究竟是什麼？從本質上說就是空性，在現象上則有地獄、餓鬼、畜生、天、人、阿修羅六道。因爲業力不同，眼鏡不同，眾生看到的世界並不一樣。人看到人的世界，動物看到動物的世界。即便同樣是人，所見也因人而異。

在以往的觀念中，認爲世界是客觀的存在，而量子力學的波粒二象性告訴我們，物質的存在其實是不確定的，在認識過程中，我們不僅是觀察者，同時也是參與者。

換言之，是由我們的認識系統決定自己看到什麼樣的世界。當然做爲人類來說，我們還有屬於人的共業，又能看到相同的部分，並不是截然不同的。

怎麼才能認識世界？佛法認爲，我們的認識有兩個層面，一是理性思惟，一是內心本具的般若智慧。西方哲學重視理性，但從康德就開始發現，理性是有限的，無法直達眞理，認識無限。在佛法修行中，是透過聞思修體認心的本質，開發生命潛在的無限智慧。只有這樣，我們才有能力認識宇宙眞相，找到人生的終極價值。

## 佛教看終極價值

什麼是終極價值？基督教認爲天堂是永恆的歸宿，只有上帝才能拯救人類。但佛陀告訴我們，天堂也是暫時的，天福享盡，同樣會流轉六道。此外，佛教不認爲宇宙中有決定禍福的主宰神，佛陀也沒有把自己當作救世主。他以人的身份修行成佛，同時告訴我們，命運是由自己決定的，每個人都具有覺悟潛質，可以證佛所證。這爲我們指出了超越現實的終極價值，也是佛陀對人類最大的貢獻。

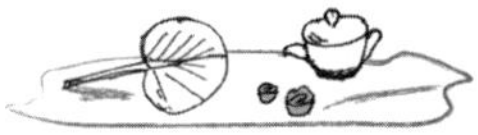

但在現行教育中，缺乏對終極價值的關懷，使人們只看到現實價值。而這些價值往往是和貪瞋癡相應的，爲了追求現實價值的最大化，就可能爲所欲爲。這正是今天道德沉淪、生態惡化等問題的根源所在。只有認識到現實價值並不是唯一的，還有凌駕其上的終極價值，我們才會心存敬畏，從更高的角度權衡利弊。

在佛法修行中，一方面提出因果思想，讓我們知道一切惡行都會帶來苦果；另一方面指出生命的眞正意義，使我們不會那麼執著於現實價值。可能有人擔心：那我們還要不要做事業？其實，不執著不等於不努力。做爲學佛者，我們不僅要努力修行，提升自我，還要帶著利他心服務社會。只要定位準確，現實價值和終極價值非但沒有衝突，還是相互增上的。正如《法華經》所說：「一切治生產業，皆與實相不相違背。」也就是說，我們從事的一切正當工作都與宇宙人生的最高眞理相契合。

如何將現實和終極價值掛鉤，把商場變成道場？首先要在認識上把世間和出世間、生死和涅槃、煩惱和菩提統一起來，認識到每個現象的當下都蘊含著道，蘊含著空性。在聲聞乘修行中，必須離開世間才能出世間，斷除煩惱才能成就菩提。但在菩薩乘修行中，當我們體認世間的空性本質，就可以在入世的同時保有出世超然，像蓮花那樣出淤泥而不染。雖然每天日理萬機，卻不會陷入對事的執著，心如虛空，了無痕跡。

## 回歸清淨心

心有兩個層面，一是念頭的層面，就像雲層，來來去去，變化萬千；一是虛空的層面，這才是心的本來狀態，而念頭只是緣起的顯現，是沒有根的。但當我們活在念頭的層面時，情緒和想法會成爲整個世界。這就需要跳出念頭，回歸虛空般的心，再從這樣的狀態來審視念頭，才不會被它的變化所干擾。同樣，當我們立足於終極價值的高度，就不會被現實價值所捆綁。

怎麼和終極價值建立連結？從菩薩乘的修行說，就是要發菩提心，其中有兩個面向，一是覺醒，一是利他，這也是佛菩薩成就的心行。佛是覺者，代表全然、究竟、圓滿的覺醒。與此對應的，就是迷惑。佛法認爲，凡夫和佛陀的區別就在於迷悟之間。迷來自無明，看不清自己，也看不清世界眞相。所以每個生命都有很多困惑，不知道我是誰，不知道生從何來死往何去。就像前面所說的，我們戴著業力的VR眼鏡看世界，以爲所見是眞實的，進而執著於此，起貪起瞋，造業煩惱。

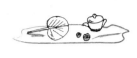

佛陀告訴我們，每個人內心都有一盞智慧明燈。當這盞燈被點亮時，就能回歸清淨心，開啓生命本具的無盡寶藏，正如《六祖壇經》所說的那樣：「菩提自性，本來清淨，但用此心，直了成佛。」所以覺醒是佛法的核心價值，也是生命的終極價值。

早期的儒家思想中，關於心性的理論較爲薄弱。《論語》主要是具體的做人做事，到宋明理學才開始重視心性，從人心講到天理，從人道講到天道，從人性講到天性。凡夫的知，是由無明建立的妄知，由此製造種種煩惱和痛苦，所以陽明先生提出要「致良知」。他早年親近過一些禪師，受到佛教心性說的影響。雖然他也批判佛教，但這主要和當時的佛教現狀有關。因爲禪宗盛行，佛教走向山林，給人消極避世的印象。所以陽明先生把佛教的心性說和儒家的人倫、社會責任結合起來，認爲這樣才符合中道。其實他對佛教的瞭解並不完整，沒有看到菩提心教法的殊勝和積極意義。

## 從利他到無限

除了覺醒，菩提心的另一個面向是利他，這也是將現實價值導向終極價值的途徑。佛教所說的利他不只是簡單做點好事，而是要成就觀音菩薩那樣的大慈大悲，其標準在於——對一切眾生心懷慈悲，沒有任何眾生是不能幫助的，否則就不是菩薩的圓滿慈悲。

還有我們熟悉的大行普賢菩薩，之所以稱爲大行，因爲他的每個行爲都是無限的，利益對象也是無限的。就像做企業，平常人開一兩家公司就覺得不錯了，但有些國際化連鎖企業動輒幾千甚至上萬個店面。從世間法來說，這也是一種大行。即使這樣，也遠遠不能和普賢菩薩的願行相比。

《華嚴經．普賢菩薩行願品》中，闡述了菩薩的十大願力：一者禮敬諸佛，二者稱讚如來，三者廣修供養，四者懺悔業障，五者隨喜功德，六者請轉法輪，七者請佛住世，八者常隨佛學，九者恆順眾生，十者普皆迴向。其實從修行上說，這十項內容很普通，並不是那麼特別。爲什麼被尊爲願王？因爲菩薩的每個願行都建立於無限的所緣，都是以盡虛空遍法界的諸佛和眾生爲對象，即經中闡述的「十方三世」——從空間到時間都是無限的。

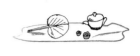

十大願王包含上求佛道和下化眾生，恆順眾生是其中的關鍵所在。正如〈普賢行願品〉所說：「言恆順眾生者，謂盡法界虛空界、十方剎海所有眾生，種種差別，所謂卵生、胎生、濕生、化生，或有依於地水火風而生住者，或有依空及諸卉木而生住者。種種生類，種種色身，種種形狀，種種相貌，種種壽量，種種族類，種種名號，種種心性，種種知見，種種欲樂，種種意行，種種威儀，種種衣服，種種飲食，處於種種村營聚落、城邑宮殿，乃至一切天龍八部、人非人等，無足、二足、四足、多足，有色無色，有想無想，非有想非無想。如是等類，我皆於彼隨順而轉，種種承事，種種供養。如敬父母，如奉師長及阿羅漢乃至如來等無有異。於諸病苦，爲作良醫；於失道者，示其正路；於暗夜中，爲作光明；於貧窮者，令得伏藏。菩薩如是平等饒益一切眾生。」可見，恆順眾生的修行要以一切眾生爲物件，生起平等慈悲之心。在這無限利他的見地中，使我們的心回歸無限，體證生命的終極意義。

〈行願品〉的每個願力最後還有一段海誓山盟：虛空界盡，眾生界盡，眾生業盡，眾生煩惱盡，我此願力沒有窮盡，念念相續，無有間斷，身語意業，無有疲厭……虛空不可能有盡，眾生和眾生的業力、煩惱也不可能有盡，但即使這些不可能都成為可能，菩薩的願行也是無盡的。聽起來十分震撼！所以我把〈普賢行願品〉稱為「菩提心的無上觀修，佛陀品質的臨摹方法」，就是以我們的心去臨摹佛陀品質。為什麼可以臨摹？因為心本身是無限的，只是因為我執，才有狹隘的設定和對立。透過無限的所緣，可以撤除設定，使心回歸無限。

當我們建立這樣的願力和胸懷時，心會全然打開，和宇宙的無限性同頻。常人之所以發不起菩提心，正是因為心很狹隘，容納的人很有限。如果我們總是以自我為參照，以自己的感覺看世界，勢必無法平等看待眾生，而是有親疏好惡之別。〈普賢行願品〉的觀修可以使我們徹底打開心量，體會心的無限，再去做事時，平等心和慈悲心就容易生起了。

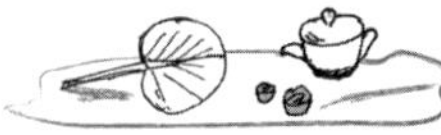

總之，發菩提心是把我們的行爲和終極價值掛鉤。帶著這樣的心利他，所有善行不僅有現實價值，還能導向更高的終極價值。包括生活中的穿衣吃飯，也會得到提升。因爲這一切都是在菩提心的統攝下，都會成爲菩提道的資糧。做爲企業家，如果我們有這樣的見地和發心，就可以在成就事業的同時完善生命品質，同時讓員工和客戶受益，並以自己的能力和所得造福社會大眾。

## 正念的訓練

除了發心，我們還要學會用心，帶著正念做每件事。如果說發心是確立方向，那麼用心就是讓我們在前行途中走好每一步。正念的訓練主要有兩點，一是專注，一是了了明知。

在通訊便捷的今天，人們時時處在各種資訊的轟炸中，變得難以專注。因爲散亂，就會在不知不覺中被控、被干擾。事實上，這正是很多人的現狀。當心靜不下來，思惟就會遲鈍，工作效率和創造力因此受到影響。就像電腦硬體欠佳又開了太多視窗時，運轉速度會變慢甚至當機。禪修就是透過對專注的訓練，讓我們學會把心帶回當下。雖然面對很多事，但每個當下只想一件事，只做一件事，就不會妄念紛飛，使能量被各種碎片消耗殆盡。

此外還要定期給內心排毒。我們知道，電腦病毒會使系統崩潰，其實生命也是同樣。凡夫內心有種種煩惱，源頭就是貪瞋癡三毒。如果不加對治，身口意三業會在不知不覺中被病毒侵擾。這些病毒還有自我複製的功能，進入我們的一言一行乃至起心動念，使我們在做事和思考時帶著這樣那樣的負面情緒。如此，又會使病毒進一步得到強化。

所以我們要認識到哪些心理會製造病毒，只有看清眞相，才能主動防範。進一步，還要透過禪修開啓內心的防毒軟體。當我們學會專注後，就能對心行保持覺知，知道現在有什麼心理在活動。我們平時總在不知不覺中，就像一潭渾水，什麼都看不清，只是憑感覺做些什麼。當心靜下來，不在過去，不在未來，也不讓心胡思亂想，自由遊蕩，而是安住當下，就能清清楚楚地感受身心的一切。這種了了明知的能力，

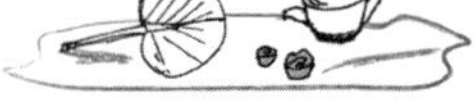

就是內心的防毒軟體，也是開啓無限智慧的關鍵。

今天講到大乘佛法與企業家的精神建設，這是一個大問題，涉及方方面面。以上主要從文化傳承和做人做事的層面來解讀，希望大家認識到現實價值、長遠價值和終極價值的關係，樹立正確目標，帶著利他心和正念做事。以此爲基礎，我們所做的一切才能成就慈悲、開啓智慧，使生命品質得以提升，在成就現實價值的同時，導向長遠價值和終極價值。

# 3

# 大道大商——佛教與企業文化

——2015 年講於第四屆世界佛教論壇分論壇

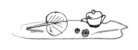

【主持】楊錦麟先生

【嘉賓】濟群法師、曹德旺先生、楊釗先生、李金友先生等

這是一個以商業爲主流的時代，物質文明高度發達，財富積累業已成爲成功與否的通行標準。可是，很多人擁有財富卻不幸福，事業廣大卻不知意義何在。此外，社會道德的缺失，生態環境的惡化，人際關係的冷漠，無不讓人觸目驚心。問題究竟出在哪裡？我想，關鍵是社會的評價標準出了問題。

所幸的是，許多有識之士已意識到這個問題，並在佛法智慧的指導下經營企業，爲企業在當今社會的健康發展積累了豐富經驗。因此，繼承東方優良傳統，重建企業文化，是當今社會刻不容緩的事。「佛教與企業文化論壇」將從佛法的角度，圍繞幸福、成功、利益和慈善等話題，與企業家共同探討，以期重建成功標準，探索幸福之路。

## 什麼是成功

**楊錦麟：**第四屆世界佛教論壇的新媒體論壇「大道大商」由我主持。這是論壇給我的服務機會，也是重要而殊勝的分享時刻。今天的主題很有吸引力，相信會引起很多共鳴。首先歡迎嘉賓上場，有請濟群法師、曹德旺先生、楊釗先生、李金友先生。

不論財富的高低，學問的深淺，我們都是爲了一個共同目標而來，就是探討佛教與經營企業的關係。我們的立足點有四個：一、什麼是成功；二、財富和利益的關係；三、一個成功的企業家要有什麼樣的慈善觀；四、什麼是我們要追求的幸福。

今天邀請的四位講者，有高僧大德，有成功的企業家，同時也是在家修行的居士。他們對今天的話題會有不同分享。改革開放三十多年來，我們已經成爲世界第二大經濟體，擁有了全世界最多的外匯儲備。與此同時，財富成爲社會上衡量一個人成功與否的標準。

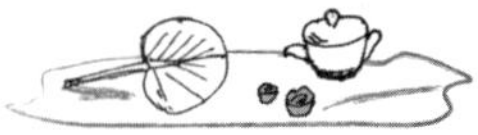

這些耳熟能詳的標準，是不是眞理？是不是合理？可以看到，我們爲發展付出的代價，是環境惡化，世風日下，人與人之間缺乏信任。我們這個論壇苦口婆心地向世人傳遞什麼資訊？或者說，佛法能不能爲這個困擾的世界，提供一個新的評判標準？有請濟群法師給大家開示。

**濟群法師**：能和幾位企業家和大德居士共同探討當今社會發展中的一些重要問題，因緣殊勝。

我們先說說什麼是成功。爲什麼要討論這個話題？因爲我們如何看待成功，如何追求成功，是社會發展的一個風向標。對「成功」的定義，其實代表著價值觀的問題。我們覺得什麼對人生有價值，那麼得到它就意味著成功，反之亦然。

在物質文明空前強盛的今天，當人們說到成功時，往往以財富多少爲尺度。而爲人熟知的《富比士》富豪榜之類，更讓這一標準變得具體可見。在各種媒體上，從世界首富到中國首富，從某省到某市乃至某縣某村的首富頻頻出現，並不斷更新交迭，成爲一場全民熱追並津津樂道的連續劇。

當整個社會都以擁有金錢做爲成功標誌時，自然會把「利潤最大化」放在首位。這樣的價值觀又令人們的貪欲變本加厲，甚至到了一葉蔽目的地步，爲牟利不擇手段。由此帶來的道德沉淪、生態惡化，甚至觸犯法律等種種問題，我想大家已經有目共睹。更可怕的是，誠信遭遇了前所未有的危機——我們不知道該信什麼，也不敢信什麼。

由此可見，如果對成功的認識有問題，將成爲社會發展的一大隱患。所以，重新認識成功的價值，定義成功的內涵，已成爲當務之急，也是未來中國健康發展的關鍵。這不僅關係到每個人的切身利益，也關係到整個社會的安定和諧。

千百年來，國人的價值觀主要來自中國傳統文化。比如儒家講到的「三不朽」，就曾是影響無數人的主流價值觀。「太上立德」，是以成就道德和聖賢品質爲最高目標；「其次立功」，即建功立業，造福一方；「其次立言」，即以著述影響社會，教化民眾。與之相應的，還有「修身、齊家、治國、平天下」。首先從完善自身道德開始，其次處理好家庭關係，然後治理國家，造福社會，令天下和平

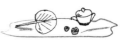

安樂。

正是在這種價值觀的影響下，古人才會將「爲天地立心，爲生民立命，爲往聖繼絕學，爲萬世開太平」做爲人生目標。與其說這是一種高尚的精神追求，不如說這是他們對成功的解讀和實踐。

而從佛教角度來說，價值觀的建立，是基於對生命的認識。生命的價值到底在哪裡？就在於成就智慧，成就慈悲。智慧的成就，是透過學習經教，開啓生命內在的覺性，從而斷除迷惑煩惱，使自己成爲覺悟者，側重自利。慈悲的成就，是由己及人，將此深心奉塵剎，以眾生而非自我爲中心，側重利他。由此可見，佛教所認爲的成功，不僅是個人的成就，更是大眾的利益。甚至可以說，自利是爲了利他，自覺也是爲了最終覺他，所以才有「爲利有情願成佛」之說。

這種對成功的定義，離不開對生命眞相的認識。只有在這樣的認識基礎上，我們才有可能從一個高度來看待成功，而不是局限於眼前得失。

**楊錦麟：**謝謝濟群法師的開示。其他三位嘉賓都是著名的企業家，也是虔誠向佛的護法居士。他們不是官二代，也不是富二代，都是白手起家，靠自己的努力，一步一步走上各自的成功巔峰，至今還在繼續為社會創造價值。楊釗先生，給我們談談您對成功的感受。

**楊釗**：做為一個企業家，我對成功的看法，分為上半場和下半場。上半場，是事業的成功；下半場，是人生的成功。事業成功的標準，只需要有名有利，有社會地位即可。那麼人生成功的標準是什麼呢？就是身體健康，家庭幸福，以及你活得開不開心。

現在社會上有個盲點，認為事業成功就等於人生的成功。但很多人會發現，某人好像很成功，但並不是我的榜樣。為什麼？他雖然很有錢，很有名，但家庭不幸福，活得不開心。可見，事業不等於人生，事業的成功也不等於人生的成功。因此，除了追求事業成功外，下半場要追求人生的成功。

**楊錦麟**：上半場，下半場，聽起來像在踢足球。曹先生，您同意這樣的踢法嗎？

**曹德旺**：我相信他們講得都對，但討論成功是一個大話題。我的觀點是，一樣米養百樣人。天下各行各業，評價誰成功？我認爲，應該來評價眾生的成功。什麼是眾生的成功？能遵守法律法規，有一副硬朗的身體，還有一個圓滿的家庭，再加上自由自在地活著——這就是成功。

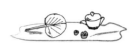

剛才濟群法師講到中國人的浮躁，提到《富比士》富豪榜，當然不是針對我的。我也是《富比士》上榜的老演員了，他們經常把我拿去上榜。我也曾經爲此事和他們討論過，問他們爲什麼如此關注中國這些人？他們說，中國在改革開放，每年GDP高速增長，引起整個西方社會的關注。一是關注它怎麼做出來的，眞的還是假的；二是關注自己有沒有機會參與其中；三是關注自己有機會的時候，到中國應該去找誰。所以，富豪榜其實是起到一個提供資訊的作用，而這個榜本身是虛的。

爲什麼呢？它做的是虛擬經濟中間的一環。所謂虛擬經濟，就是說你拿錢去投資，不管是投資實體還是買了股票、期貨，進入投資就虛了。或許一個變故，或許一個什麼，馬上讓你的財產一夜間沒有了。你想要做事的話，就實實在在地把錢存在銀行不動，這是實的，一動就虛了。在投資第一線上的，往往是虛的。不少上過富豪榜的，最後也落得很狼狽。因此，不應該說是他的浮躁，只能說我們對這方面的知識不夠，對這些人群的評價有待提高。

最近有人說，某人變成富翁了，其實他的企業負債比私人資產大幾倍。所以《富比士》本身是虛的，是搞遊戲的，也是配合國家改革開放宣傳需要做的東西，千萬別認眞對待這件事。

**楊錦麟：**曹先生給了我們另一個角度。馬來西亞的李金友先生是我多年的好朋友，來談談您對成功的解讀。

**李金友：**我覺得，成功對我來說永遠是一個過程，很難下一個定義。我很同意楊先生說的上半場和下半場。我們要把一件事做成功很容易，可要追求人生的成功，就是大學問。

我覺得，如果一個人要成功的話，必須具備幾個特質。首先要自信，其次要用功，第三要用心，能虛心學習。我覺得自己很幸運，四十歲開始學佛，本師釋迦

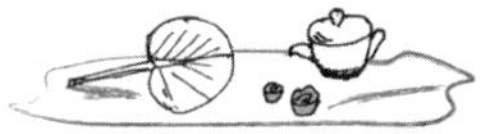

牟尼佛的大智大慧，是我們永遠學習不完的。

今天我們來到這裡，可以親近濟群法師這樣的大善知識，還有楊居士、曹居士，都是值得學習的。我覺得，虛心學習是一個過程，但一定要有「日久見功」的過程。這一點，對現在的年輕人尤其重要。

**楊錦麟：**這幾位講者讓我覺得，自己實在是一個很不成功的人。我六十歲還在創業，沒有上半場，也沒有下半場。上半場打完球的人，才能施施然地去說人生、健康、快樂、分享。沒有一定物質基礎，空談或奢談成功是沒有意義的。

但濟群法師也給我們一個提示。在西方物質標準和東方精神標準的衝撞之下，有時給眾生帶來很多煩惱，我就是最煩惱的一個。所以我今天來，不是來當主持，而是來這裡吸收一些智慧。

我們講到成功，說老實話，現在眞的是以財富論江湖。曹先生給大家點破了，不要信財富榜，那是宣傳用的，但眞有很多人都往裡跳。圖虛名，圖虛利，這是當今社會一個弊端。因爲虛，再加上信仰缺失，才會出現那麼多亂象。

爲什麼要舉辦這樣的佛教論壇？出家人爲什麼要那麼苦口婆心？利益至上的觀點，無論在上半場還是下半場，究竟對還是不對？本家，您怎麼看？

**楊釗：**剛才說，財富可以分兩部分，第一叫物質財富，第二叫精神財富。我們現在有一個誤區，以爲擁有物質財富就擁有一切。我在香港見過很多大企業家，但錢不是什麼都能買的。健康不是錢財可以買到的，家庭幸福不是錢財可以買到的，活得開不開心也不是錢財可以買到的。

因此，人生的成功需要精神財富。不要搞錯了，要對症下藥。如果既擁有物質財富，如金錢、名譽、社會地位，又有精神財富，人生才能成功。只有名利和社會地位，只能算事業成功，不能算人生成功。

所以，事業成功是三個標準，財、名和地位。人生成功需要加另外三個，就是身體健康、家庭幸福及活得開心。

**楊錦麟：**說老實話，今天在座的能做到這六個標準的，不一定很多。不然的話，爲什麼我們的論壇都有站著的聽眾，可見大家是來求藥方的。眾生平等，但在參悟人

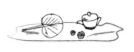

生的過程中，不一定是平等的。這個平等是相對的。濟群法師作爲出家人，他定了那麼多標準，您覺得難嗎？

**濟群法師**：我覺得，楊居士所說的確實是現實，很多企業家的追求會有這麼兩個層面。但我覺得，如果把事業的成功和做人的成功分開，還是容易出問題的。

如果我們脫離做人的目標，單純追求事業成功，那麼在做事業的過程中，就可能把事業作爲一切。爲了做事業，身體累垮了，家庭不和諧了，甚至心態也做壞了，這種現象比比皆是。所以我覺得，追求事業的成功，應該建立在做人的基礎上。

這不是說，所有追求事業的人都會出現這些問題。如果一個人本身就有道德底線和處世原則，即使沒有刻意追求做人的成功，也會帶著應有的素養去做事業，能夠正確取捨，有所爲而有所不爲。反之，如果不具備相關素養，當他片面追求企業成功時，就容易胡作非爲，導致各種問題。

**楊錦麟**：上半場拼命掙錢，錢掙夠了發現，哎呀我做人不成功，開始回饋社會。這是一種贖罪的心態，還是糾正的心態？曹先生，請您繼續給大家開示。

**曹德旺**：說到這裡，我可以很自豪地說，企業家們可以向我學習。我的成功是把複雜的問題簡單化。我把四書五經、《大藏經》等等，都歸爲教育，這是因不是果。教育有千萬條，我再給它理成三條，叫「信、願、行」。

我從開始創業到今天都是這樣。我不僅在中國聲望高，在美國、歐洲的聲望比中國更高，他們非常尊重我。什麼原因呢？我跟他們做生意的時候，就學會尊重人家。我堅定地相信法律的尊嚴；相信人言的可畏；相信我的成功需要眾多客戶支援，需要員工爲我流血流汗、赤膽忠心地工作；我堅定地相信人間充滿眞善美；同時也相信要小心走好每一步，要與暗箭來往。

我透過自己的努力學習，規避各種風險。現在大家都覺得生意難做，但我們今年比去年有高速的增長。由此得出的經驗是什麼？把複雜的問題簡單化，首先要信。

第二，我的胸懷很開闊。我發願爲中國人做一片玻璃。這片玻璃能代表國家水準，在國際上和大家交流，展示中國人的智慧，展示改革開放的成功。我現在生產全球的汽車玻璃，客氣一點講，是第二大企業，因爲寶馬、賓士、奧迪、大眾、通用、本田都是我的客戶。

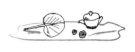

眞正想成功，要從小開始。人生每一天、每一分鐘發生的每件事，都是人生大廈的一塊磚。砌每一塊磚的時候都要想好，可不可以砌上去？因爲歪了的話，以後就拆不下來。你現在可以說，我只蓋這麼高，沒問題。但如果砌得好，將來能蓋一百層的時候，也不會因爲這個地方的磚砌錯了而倒塌。

如果人生有段不光彩的歷史，到了一定高度以後，壓力一大，這個地方就承受不了，所謂高處不勝寒。比如會有人說，某某以前犯過什麼，騙過什麼。這下完蛋，你就得滾下來。我認爲，賺多少錢之類都容易。但一輩子讓人家沒辦法指責你，還是比較難的一件事。就像毛澤東主席講的，一個人做一件好事容易，難的是一輩子做好事。

這一點，我希望企業家們自勉。其實這也和信有關——要把個人的信修清楚。成功了，信佛祖給我這個福報；不成功，我信命，命中註定我要走這一步；還要相信來世，我這一世做完以後，下一世再來。

**楊錦麟：**豁達。活得豐厚，才有這樣的悟。馬來西亞曾成功舉行過APEC（亞太經濟合作）會議，也成功舉行過10＋3（編按：東協十加三，原東協會員國與中國、日本和韓國三個東亞鄰近國家的合作機制），都是李金友先生和他的集團具體操辦。一個企業家能爲國家舉辦這樣的活動，應該也算得上成功吧。您對曹先生的說法有什麼解讀？曹先生給我的感受是，眞誠和善良會有回報的。即便這一世還沒有達到，不要緊，這是命，我還有下輩子。很通透的一種人生感悟，您怎麼看？

**李金友：**曹先生說企業家可以學他，他講這個話不是自大，而是覺得他有很好的正能量，可以提供給年輕人。這也是我剛剛說的，成功要有自信。我們今天談「成功」這個課題，眞心說，辦企業不能不談賺錢。我的感觸是，商人一定要創造利益。你不能創造利益的話，就不叫商人。但我覺得更重要的是

「見利思義」，所謂「君子愛財，取之有道」。取得利益沒有錯，就像曹先生把沙子做成玻璃，然後做出汽車擋風鏡，這叫君子利物以義。

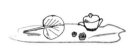

《易經》說：「利者，義之和也。」我覺得，只要在創造事業過程中有一種分享的心態，不但可以把技術成就和大家分享；創造財富之後，你的財富又可以和大家分享。這也符合學佛者的行爲規範。曹先生所講的，我相信他在人生中眞正履行了。

剛才主持人說到，我在馬來西亞承辦會議。我不但辦了很大的會議，還幫助過很多社會文化活動。我很喜歡「元亨利貞」四個字，我念「元亨利貞」，就當作念「阿彌陀佛」。元是善之長，我們做什麼事情，都要有良好的善念；亨是智慧，我們在這裡討論就是亨。如此，「利物足以和義」。這些，在曹先生剛剛講的時候，我都看到了。

**楊錦麟：**論壇和對話漸入佳境。這個話題是由楊釗先生引起的，您將成功做了上半場和下半場的剖析，給了標準定量——楊氏標準法。但我們可以發現，三位講者對這個話題的看法和角度是不一樣的。我想，不妨求同存異。楊釗先生，我知道您還有很多見解想和大家分享。您剛才那個快樂觀，搞得我很沮喪，都懷疑自己還有沒有存活下去、繼續打拚的意義。在您發言之前，我想請終南山律宗祖庭淨業寺的本如法師現場呼應一下。這是一個人人受益的論壇，就應該人人參與。

**本如法師：**謝謝在座各位，還有楊錦麟老師給我講話的機會。我在接受大家智慧的同時，也在思考，身爲出家人的最大成功是什麼？我想的是：讓地藏菩薩早日成佛！我師父上妙下湛老和尚曾經告訴我：人生要把握三個健康。第一，身體要健康；第二，心理要健康；第三，智慧要健康。擁有這些，人生絕對精彩，而且能讓地藏王菩薩成佛，讓一切眾生成佛，這是我們每個學佛者的大道大商。

## 道德與利益

**楊錦麟：**楊釗先生，我讓本如法師給您一個引子，我覺得您應該繼續探討下去。

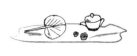

**楊釗**：剛才說到道德問題。從道德的角度，怎麼看待財富？不同人有不同的看法。儒家的看法是「己所不欲，勿施於人」，也就是說，要易地而處，在他人的立場和觀點去考慮，也叫同理心。大家用同一個道理，站在共同的立場看待問題，達成「己所不欲，勿施於人」的共識。

佛教徒也有道德標準。做爲一個佛教徒，我持五戒十善，行六波羅蜜，學習慈悲喜捨四無量心，這是我做人及做事的標準。

**楊錦麟**：兩個月前，我去了北極點，同船的李銀河老師和我談到人生觀：第一是利他，第二是利己，第三是在利他過程中稍微利己，在利己過程中稍微利他。這也是人的三種活法。我聽了以後，覺得自己白活了六十歲：究竟在利他還是利己，還是在互相之間？搞不清自己活著爲了什麼。

談到利的問題，商人、企業家如果不圖利，就沒辦法普度眾生。比如養不好福耀玻璃廠一兩萬的工人，因爲你總得開支。關鍵是立足點在利他還是利己，有沒有這麼絕對，曹先生？

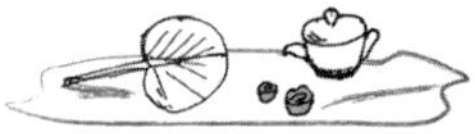

**曹德旺：**我認爲從財富來說，多少錢都不值得去羨慕，或者一定要追求，但沒有絕對不行。我以前很窮，一包煙都買不起的時候，看到一分錢也很激動。但現在有錢以後，我認爲那個沒用，夠花就行，因爲它會變。現在各國政府都在推動寬鬆貨幣政策，一不小心，抽屜裡的錢馬上就不斷貶值。又如炒股，或者會虧，或者暴發，這都是很現實的問題。只有一點不能變，就是個人綜合素質的提升。這是最大的財富。

儒家有句話，「不求金玉重重貴，但願子孫個個賢」。留給孩子的，應該是智慧和能力。只要你有水準，有名望，有信譽，還有健康的身體，就是最大的財富。

利益是五花八門的，今天把我請來坐在中間，你們在下面，這也給我很大的利益，因爲大家都想坐在這裡。古人講「義利兼顧」，你坐上去，在其位，謀其職；在其位，不負其言。

剛才講到，在中國沒有把商人和企業家進行區分。就像洋人說中國沒有哲學，但中國人說，「不對，我有哲學」。比如「江畔何人初見月，江月何年初照人」，南懷瑾說這就是哲學，怎麼沒有哲學？

爲什麼洋人說中國沒有企業家呢？是怎麼定義的呢？因爲在西方工業化進程中，給予企業家很高的榮譽。認爲企業家首先要有勇氣，敢於承擔責任，敢於挑戰極限，挑戰未來，挑戰世界，挑戰天下。你做到了，就是你的膽識。如果這次福斯汽車造假成立的話，將召回一千三百多萬輛汽車。人家說有一百八十億美金，不敢想像，對不對？所以，首先要有勇氣來擔當這個事。

小商小販是以養家糊口爲目的賺點小錢，但做爲眞正的企業家，必須有擔當精神，他的抱負和一般做生意也有區別。企業家是在統一的標準下競爭，包括品質標準、會計標準、行爲標準等等。他是透過自己的努力，不斷改進生產設備，提高產品品質和工作效率，同時降低成本。

誰在擔心這些東西呢？人民在擔心，社會在擔心，國家在擔心。因此，企業家的抱負應該是——國家因爲你的存在而強大，社會因爲你的存在而進步，人民因爲你的存在而富足。

同時，因爲你的努力，大家都在這個標準上去奮鬥——這就是企業家和商人的區別。我們向西方學習，最早是向蘇聯學習，後來又向美國學習。美國教給我們的，是自己正在實驗的「去工業化」，搞虛擬經濟。因此，我們學的全是虛擬經濟。股市現在開放了一大堆三板、四板、創業板，我問他們，你是想辦企業，是爲了做產品還是賣股票？目的是什麼？——問題就在這兒。你們說這些人不良，其實不要批評他，存在都是有道理的。我們開放後向國外學習，學的就是這些東西，你說怎麼辦？

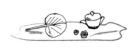

**楊錦麟：**大商有那麼多發言，大道也應該出來說幾句。佛教和企業文化，已經慢慢找到一條路徑，至少是思考的路徑。無論是財富觀，無論是利己利他，請濟群法師給我們一些分享。

**濟群法師：**我們講到財富、道德、義利之辯，需要反省什麼呢？爲什麼現在整個社會缺乏道德觀念？我們不能光去指責這些現象，還需要去尋找這些現象的原因到底在哪裡？

社會之所以有這樣一種現象，和我們的傳統及現行教育有一定關係。比如在儒家的「義利之辯」中，多少有點把義和利對立起來。認爲一個人講道德，就不應該講利益。反之，如果講利益，似乎就是不重視道德的表現。

此外，中國傳統道德是建立在宗法制的基礎上。也就是說，道德更多是家族的需要，社會的需要，而把個人需要擺在後面。所以人們往往會覺得：道德是一種社會行爲，和自身沒有太大關係。一旦家族和社會的制約力沒有那麼大的時候，道德就隨之淡出了。有段時間，甚至出現了「道德多少錢一斤」的公然挑釁。這背後的潛台詞就是：如果你不能制約我，憑什麼讓我循規蹈矩，按你的規則做？而在唯物論教育的影響下，道德的建立基礎就更薄弱了。有句話叫做「徹底的唯物主義者是無所畏懼的」，不畏懼什麼？就是不畏懼因果報應。如果一個人只在乎立時可見的眼前利弊，沒有更長遠的眼光，遵循道德就變得非常空洞了。所以，我們需要找到道德淪喪的根源，只有這樣，才能提出有效的解決方法。

我覺得，遵循道德離不開智慧。如果沒有智慧，道德要求是非常機械的，無非是讓你做什麼，不做什麼。這就涉及到一個問題：憑什麼要我這麼做？很多時候，實踐道德看起來是吃虧的行爲，是需要付出和忍讓的。既然吃虧，爲什麼要做？以前的人可能會礙於禮法或社會輿論，不得不那麼做。但在崇尚個性解放的今天，人們可能根本不在乎禮法，不在乎輿論，爲什麼還要遵守道德？

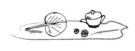

這就需要認識到道德對生命自身的價值。佛陀透過證悟告訴我們，生命是無盡的積累。我們現有的生命狀態，來自曾經的行爲、語言、思想，又稱身口意三業。正是它們，構成了形形色色的生命狀態。善的業行會構成良性生命積累，造就健康的心態、人格、生命品質。反過來說，不善的業行會構成不良生命積累，使生命趨於墮落。

可見，我們在實踐道德的過程中，自身首先是最大的受益者，其次才能讓他人受益。反之，自己也會成爲不道德行爲的受害者，進而讓他人受到損害。如果大家能具備這樣一種認識，就會自覺地遵守道德。因爲這麼做不是爲了誰，而是爲了對自己的生命負責，對自己的未來負責。沒有哪個人不希望自己有美好的未來，不希望自己有良好的心態、高尚的人格。

如果我們能從這個高度來認識道德的價值，那麼，道德必將成爲人人願意實踐的自覺行爲，就像我們願意爲了更好地生活而努力工作一樣。

從社會來看，遵循道德不僅對個人有利，同時也在利益他人，至少是不傷害他人。就這個意義而言，法律就是最低限度的道德。當我們都能遵守法律的時候，社會安全就有保障。再如佛教的戒律，哪怕是最基本的五戒，如不殺生、不偷盜、不邪淫、不妄語、不飲酒。只要做到這些，就能在自我約束的同時，讓他人獲得安全感。試想，一個沒有傷害、沒有偷盜、沒有背叛、沒有欺騙的社會，是多麼令人嚮往。

此外，佛教還有更高尚的道德，那就是佛菩薩的道德——無我利他，大慈大悲。因爲把眾生看得比自己更重要，所以隨時準備幫助眾生，令他們離苦得樂。能夠實踐這樣一種道德的時候，將給多少人帶來安樂，帶來希望。

在座幾位大德居士，本身也是這樣的實踐者。他們在佛法信念的指導下去經營企

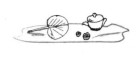

業，去待人處世，這也是他們能夠成功的一個重要原因。所以，不要把道德和利益截然分開。

## 企業家的慈善觀

**楊錦麟：**道德不是空泛，而是實在的。在座的三位企業家，在不同的人生階段，尤其是現在，都在做一個努力的踐行者，捨財，捨法，捨無畏。楊先生，您一定有很多利他利己的想法和我們分享，還有自己在慈善方面的身體力行。

**楊釗：**剛才說到對財富的看法，或者說人生目的。做人應該怎麼做？做事應該怎麼做？路在何方？路在腳下。

首先我們要吃飯。怎麼吃飯？你必須守法，不能去搶，這是最低標準。第二要有良心的標準，這是更高層次了。要問問自己，內心有沒有愧：對顧客有沒有愧？對家庭有沒有愧？對社會有沒有愧？對國家有沒有愧？對人類有沒有愧？

每天睡覺的時候，發現自己今天能問心無愧，我就睡得很好。反之，發現自己有一兩件事做得不好，比如因爲太認眞、太急躁了，今天又脾氣不好，怎麼做呢？就要懺悔：楊釗，你明天要繼續努力。「吾日三省吾身。」一個人必須反思，自我檢討。透過反思、檢討和總結，你就可以不斷進步。

**楊錦麟**：金友兄，你也分享一下。

**李金友**：我今年六十歲了，算老人。我四十歲的時候，中國還剛剛改革開放。我的很多養分來自臺灣。臺灣曾頒給我「海外青年創業獎」，這是我第一次得創業獎。得獎之後，很多人稱我企業家。其實，我被「企業家」這個名稱困擾了很多年。因爲我覺得「家」是很嚴肅的稱號，比如會畫畫的不一定能成畫家，會彈琴的不一定能成鋼琴家。

所以，我那時就在馬來西亞辦了一個青年創業協會，覺得這樣可以幫助社會，幫助年輕人。我辦這個會的用意很簡單，因爲一個人創業的話，至少可以製造就業機會。尤其像曹先生這樣做了大事業，可以創造很多就業機會。

事業是要慢慢發展的，不是今天註冊公司，明天就能發財。可現在很多人急功近利，這是一個普遍的社會問題。所以我覺得，現在的年輕人要老老實實地先做一個「生意人」。

說到「生意人」這三個字。我查了「生」，《大學》說，「生財有大道，生之者眾，食之者寡，爲之者疾，用之者舒，則財恆足矣。」老子的《道德經》也說，「生而不有，爲而不恃，功成而弗居；夫唯弗居，是以不去。」所以我們做企業的，要有生產力、創造力。

而「意」就更不得了。我們經營企業，意念一定要正，這可以從儒釋道三家吸收很多養分。《金剛經》常說「於意云何」，你的意念是什麼？比如你製造嬰兒產品，要給嬰兒吃喝的，怎麼可以製造出意念不好的東西？你今天辦一個企業賺錢，怎麼可以賺錢之後貽害社會？再如今天的很多環保問題，就是意念出了問題。

第三是「人」，最爲重要。「人」的一撇一捺就是眞和正，我們要做人該做的事情。怎麼做人？剛才我們也談到，這是很大的學問，要孝悌忠信。我們想想，如果你在家庭中不孝順父母，不友愛兄弟，吵吵鬧鬧，就算在外面事業怎麼發達，人生還是會出問題的。為什麼儒家把孝悌忠信看得那麼重要？因為這關係到我們怎麼做人。

剛才曹先生說「企業家」不同於商人，我深有同感。我覺得，「生意人」這三個字，其實也包含其中。別人稱你「企業家」，你就要反省：我是不是「家」？

我在馬來西亞出生，一百塊錢起家。可是我比較貪一點，要我的家庭，尤其是我的孩子，做富貴的人。為什麼要做富貴的人？儒家說，「不義而富且貴，於我如浮雲」。可見，孔老夫子並沒有叫你不要富貴，而是告誡你不要取不義之財。

我們學佛，或是學儒學道，如果窮得稀裡嘩啦，民不聊生，那還怎麼學？其實，學佛學儒都有助於我們成為富貴的人。如果你學得少，財富少一點；學得中等，財富會多一點；學得高深，你的財富最多。

所以，我覺得要鼓勵現在的年輕人做富貴人。但這有三個條件：富而好禮，富而

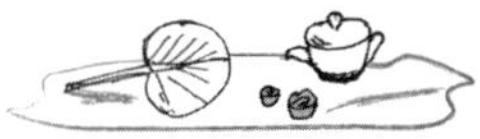

好善，富而好學。至於貴，剛才說到「己所不欲，勿施於人」，還有「己欲達而達人」。每個人一生都會碰到很多貴人。有時爸爸媽媽是我們的貴人，有時老師是我們的貴人，給我們指導、提拔。當你成功後，也要做別人的貴人，所謂「貴己貴人」。

做「生意人、富貴人」，還要有「道德」。「德」者，得也，和得到的「得」同音——有道才能得。你要很多財富，要很多客戶，要很多這個那個，都要建立在道德基礎上。好像蓋屋子要做好地基，把道德實踐好，你就能「得」了。可問題就來了：什麼是道？

**楊錦麟：**謝謝金友兄的分享，今天的話題眞是很有意義。我們在佛教論壇，用專門的時間來研討生意人、富貴人。富而好禮，富而好學，富而好善。這個富就是物質基礎，所好即精神財富。我想請在座的道源法師也分享一下。

**道源法師：**謝謝楊老師，也謝謝大家給我一個發言的機會。我從幸福的角度上作一些分享。我出家以前，有一份很好的工作，很好的收入，我很滿足，覺得很幸福。

跟隨師父慧通老和尚出家後，在茅棚修行，老和尚不讓我們用手機，甚至連電都不讓用，我覺得也很幸福。

後來老和尚以八十三歲的高齡，發願修復禪宗祖庭「楊岐普通寺」的時候，他來和我談，要我去全面負責。我對老和尚說：「我要想做方丈，當初就不來找您出家了。」老和尚說：「你要發心，當你成就一個道場，照顧大家用功的時候，你會發現，其實你也很幸福。」然後我就到楊岐普通寺負責寺院建設。現在四十多位法師在那兒修持，我覺得自己很幸福。

這可能就是從自我的幸福到利他的幸福。佛門有句話叫「楊岐燈盞明千古」，說到這裡，我得感謝楊釗先生。在和楊釗先生交往過程中，寺院成立了「心燈幫扶計畫」。楊釗先生說，我們先點亮自己的心燈，再去幫助需要幫助的人。現在，寺院所在地的萍鄉市，只要符合條件的孤兒，楊釗先生都會提供資金，由寺院出面對他們進行幫扶，已有近千人受到幫助。幫扶這些孩子和老人的過程中，他們說，感謝師父，幾十年沒有人這樣幫助我們。所以，在幫助他們的過程中我也很

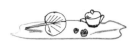

幸福。但利他的幸福要建立在物質基礎上，如果沒有楊先生的支持，我也沒辦法幫助別人。

**楊錦麟：**今天這裡是貴人相聚，談到了另外的話題。現在各種慈善團體林立，成功的企業家對慈善也有更多關注。在座的曹德旺先生、楊釗先生、李金友先生，幾十年來捨財捨法，身體力行，這些讓我們很感恩。從某種角度，可以說做慈善蔚然成風。

但有時，做慈善也給我們帶來煩惱。很多人做了好事，卻招來各種謗議，自己很糾結，不開心，爲什麼會出現這個現象？濟群法師，這是我們的動機不純，還是整個社會對慈善的理解有誤？

**濟群法師：**在做慈善方面，幾位大德居士都有很多經驗。在貧富差距日益懸殊的今天，慈善可以在一定程度上調節貧富衝突，對社會的健康發展非常重要。但確實有不少人，做慈善做得比較糾結，這是爲什麼呢？

我曾在復旦大學舉辦的「讓愛心更有力量」慈善論壇做過講座，聽眾都是各地的慈善工作者和愛心人士。之所以舉辦這個論壇，就是因爲不少人在做慈善過程中遭遇了各種困境。這也促使我對這個現象做了一些思考。

我覺得，其中主要涉及兩個問題：一、什麼是慈善？比如說，單純的捐獻行爲能不能叫慈善？因爲捐獻背後會有各種情況，可能是出於愛心，可能是迫於輿論壓力，也可能有其他動機。如果把捐獻等同於慈善，忽略捐獻的動機，其實是有問題的。因爲慈善的前提必須是愛心和慈悲心，只有立足於愛和慈悲爲基礎的行爲，才能稱爲慈善。從這個意義上說，慈善也可以稱爲「慈悲的道德」。

我們可以看到，佛教、基督教都有慈善的傳統，熱心從事公益事業。這些行爲的指導，就是佛教宣導的慈悲，基督教宣揚的博愛。如果以這些思想爲立足點，才有可能成就眞正的慈善行爲。如果把慈悲去掉，把博愛去掉，我們就可能帶著世俗的想法或期待去幫助別人。一旦這份期待得不到回應時，事實上，你就會很煩惱，很痛苦。

說到這裡，又涉及到另一個問題：慈善的核心價值是什麼？有時我們可能想著，

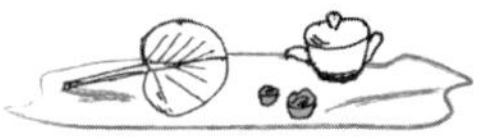

透過做慈善讓自己平安順利，得到社會的尊重和認可。當然，這些想法是合理的，但並不是慈善的核心價值。

慈善的核心價值，首先是內在慈悲心的成長，以及人格的提升。一個做慈善的人，應該越來越包容，越來越有愛心。現在這個社會，人與人之間往往是無感的，有一種疏離和冷漠。更可怕的是，還充斥著莫名的戾氣。而在做慈善的過程中，隨著慈悲心的增長，不僅能消除冷漠、隔閡、瞋恨，還能傳遞慈悲，化解戾氣。這才是慈善對自身的意義所在。至於外在的認可、讚揚、尊重，是自然而至的，只是慈善的副產品而已。

**楊錦麟：**今天的話題已進入更多的核心。曹先生是我母校廈門大學非常了不得的捐贈者，那也是大愛。還有楊釗先生、李金友先生，都做了那麼多功德，在華人社會有自己的一席之地。在新的歷史時期，整個國家在實現文化復興，願景是美好的，但路在腳下——每一步怎麼走？

在弘揚佛法過程中，在每個企業家身體力行的過程中，我們怎麼定義成功？一樣米養百樣人，每個人的解讀角度不同時，我們怎麼有一個比較客觀的財富觀，怎麼做一個生意人，做一個富貴人？

至少，我們要維持一個人或群體、社會的尊嚴。沒有尊嚴，我們怎麼去捨財、捨法、捨無畏？沒有慈悲心，我們怎麼可能有正確的幸福觀？

談到慈善，曹德旺先生、楊釗先生、李金友先生都做慈善，他們很開心，不糾結，但分分厘厘都算得清楚，因爲這樣才能施得其法。每個人的人生過程中，我們不去談最艱難的時刻，那已經過去。我們談最開心的那一刻，究竟是對財富的分享，幸福的分享，家庭快樂的分享，還是慈善事業中的分享？最開心的那一刻是什麼？

楊釗先生幫助了近千個孤兒，那麼多孩子叫你什麼呢，叫楊爸爸？

**楊釗**：我有幾個開心的標準。第一，知足可以常樂。所謂足，就是按你自己的標準，自己吃穿不愁，家庭生計無憂，又有足夠的財富幫助別人。比如助養一千個孤兒，如果你發現，唉呀，我今年能養這些孩子，養不了他們明年，這就容易有煩

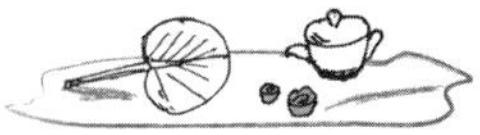

惱。但你有足夠的財富，一千沒問題，一萬也沒問題，你說多開心？因此，開心的首要是知足常樂。

第二是助人爲樂。幫助別人這件事，你去感受一下，會發現眞的很快樂。

第三是自得其樂。你不要爲了讓別人快樂，結果苦了自己。自己怎麼快樂？要能自得其樂。你喝一杯茶，可以很快樂；看看電視，可以很快樂；去商店買東西，也可以很快樂。

能具足知足常樂、助人爲樂、自得其樂這三點，人生就會開心快樂。

**楊錦麟：**曹先生，看樣子你有自己的解讀。

**曹德旺：**討論慈善的話題，我可以和大家分享一些。我的財富怎麼來呢？我以前拉板車的時候，馬路邊撿到草帽，把它戴頭上，莫名其妙地發了財。因此我捐了一半出來，快七十億了，在中國，我捐款最多。

中國人做慈善，肯定是比洋人高明，時間也更長。你看儒家學說，還有道家和佛門，都提到做慈善。那麼比他們高明在哪裡？佛門提出，心懷慈悲，眾生平等。

剛才濟群法師說，首先必須培養自己的悲憫之心，有慈悲才有慈善，是這樣形成的。所以做慈善的目的很清楚——堅定地培養自己善良的信念、強大的內心力量——我們做的目的是這個。

眾生平等，不僅是你我他，而是卵生、胎生、濕生全部平等，包括山川五嶽都在我們的保護範圍內。所以，各行各業都不要瞎起勁，哪裡開個洞，哪裡挖條溝。山川都是有生命的，應該要保護。把大自然破壞了，把我們的生存環境破壞了，還做什麼慈善？所以我對做慈善的理解，首先是謙虛、誠實、遵紀守法。無論做企業還是辦工廠，都不要造成環境污染，否則要弄得多少人傾家蕩產去治病啊。心懷慈悲，眾生平等，那是非常科學的。中國做慈善的歷史悠久，不僅時間早一些，動機和目的也非常清楚。爲什麼我們現在輸給歐美發達國家？因爲我捐款就碰到過，要交所得稅。我就查了一下美國怎麼做，發現美國在二戰結束時，大概七八十年前，才開始有關於慈善的立法。在這之前，政府也反對，百姓也罵，說這些都是假的。現在中國也碰到慈善的轉型，因爲經濟發展到一定程度，需要面

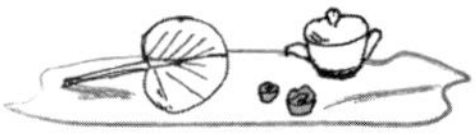

對另一個問題，不單純是過去儒家的慈善。

前面是哲學方面的認識，後面是政府要用鼓勵的手段，鼓勵這些富豪把錢交出來，參與社會調節。歷史上有段時間，把有錢人抓起來，地也拿來分，這樣就會有麻煩。

做爲企業家還要認識到，要和國家一道發展。因爲你發財不是全靠自己的本事，而是國家在轉型過程中，掃過去剛好掃到你了。如果不是這樣，你還是過去的你，要看到這層關係。現在發達國家用倒逼的方式，讓富豪參與慈善。所謂倒逼，就是徵遺產稅、所得稅、利息稅，你看要不要交出來？

我們做慈善是爲什麼？是爲了促進和推動社會穩定。因此，我們應該檢討，這麼大的國家如何求同存異。我講話很認眞的，批評的時候也喜歡一套一套。但我們做的時候應該去瞭解，這些政策到底是什麼？中國人現在很急躁，沒弄清楚之前，就在網上發表文章，顯示自己的水準。結果我們一看，牛頭不對馬嘴，講的和客觀事實差了很多。

**李金友**：我二十歲的時候就賺到第一桶金。在馬來西亞的華人，當你有錢的時候都有人來敲門，叫你做慈善，主要是辦華文教育。馬來西亞今天有一千兩百所華文小學，還有中學、大學在傳承中華文化，這些就和我們先前辦慈善有關。年輕時，我看到《菜根譚》的一句話：「爲惡畏人知，惡中猶有善路；爲善而急人知，善處即是惡根。」所以我做慈善的時候一直奉行這句話，要低調。有時我們做了慈善，人家要署你的名，你說不留名，好像顯得很清高，但也會有糾結。四十歲學佛後，六波羅蜜的第一條是布施。怎麼布施？佛法的最高境界是三輪體空，就是施者、受者、所施物皆不可得。做到這樣的話，可以讓你豁達，免除糾結。

我來這個論壇，對「同願同行，交流互鑒」是有些期待的。我覺得，整個中國的和平崛起、中華文化的繼承復興，領導者很重要。這是我個人的看法，不是在捧誰。印度這個國家以前很苦難，但出了一個甘地，大家稱他「聖雄」。在我心目中，中國的習主席稱得上是賢雄。十天前，我出席了中國的「減貧與發展論

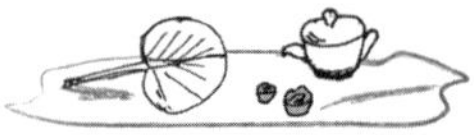

壇」，讓我豁然開朗：我們現在講做慈善，倒不如來提怎樣眞正地扶貧減貧。

我相信，中國現在做慈善有很多糾結，但不要去管它，就選擇一個簡單的來做。中國現在還有六千萬的赤貧，按聯合國的標準，是每天只有一塊半美金的。我們是不是來幫忙做這樣的扶貧和減貧？做一家就一家，做十家才多少錢？可這不是單單給錢的問題。他之所以會這麼赤貧，有歷史問題，也有大環境的問題。習主席的講話中說，我做主席花精力最大的，就是做扶貧減貧的工作。我覺得，這需要大家同願同行。本師釋迦牟尼佛最大的悲願，就是不願眾生苦，要眾生離苦得樂。

慈善的課題，尤其是扶貧減貧，一定要政府主導，然後由我們這些企業家、文教團體共同護持。此外，宗教的力量也非常大。但大家要清楚，就算美國這麼富有的國家，還是有赤貧的人口。這就需要透過佛法來探討——人生爲什麼這樣苦？中國現在碰到這麼好的時機，出了一個賢雄，花最大精力在做扶貧減貧。所以我還要和大家分享一下，扶貧減貧不僅是出錢而已，還要親自下去。我們講交流互鑒，如果把一個富貴人家的孩子，在家嬌生慣養，向爸爸要求買手機買汽車，讓他去和窮孩子互鑒一下。那麼，這個孩子很快可以得到教育。而且我相信，我們來這裡參加論壇，可以彙聚眾人的力量，因為六千萬是個很大的數字。

我很早就來中國了，那時是一九八七年，馬來西亞國民還不能來。我跟一位副首相來，和中國的副總理有過交流。我那時很年輕，三十歲，才知道中國之前真有窮到餓死的，聽著都流眼淚。今天很多年輕人已經忘記了這事，可這是事實。所以，我們特別需要「同願同行，交流互鑒」，在扶貧減貧這方面，跟著政府做點實事。我非常喜歡「構建人類生命共同體」這句話，就像佛家說的「眾生平等」。

## 觀眾互動，解決問題

**楊錦麟：**今天這個論壇第一次講到政治，而且評價來自馬來西亞的華人，讓論壇多了一分殊勝。現在我們把話題拉回來，在座幾位嘉賓的分享，我發現有個共同特

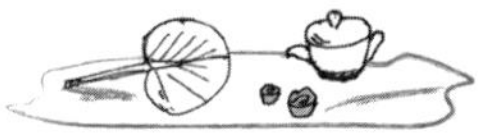

質，一是謙和，一是敬畏，還有是平常心。

在座幾位都是閩粵的。東漢時有人說「閩人多閹」，但今天大賢大德都出現了，這也是中華民族難得的盛世。我們要放眼天下，所以還是要有互動，讓今天在座的朋友、修行者來共同關注這個話題。

**問：**今天的主題是佛教與企業文化。我想問的是，如何把佛教的文化和精神落實到企業文化中？因爲我們公司有六成是佛教徒，對這一點我很關注。我想請濟群法師和曹德旺先生回答。

**濟群法師：**在座幾位大德居士都是佛化企業的踐行者，從某種意義上說，他們來回答這個問題，應該比我更有說服力。剛才曹居士提出他做企業的信念，事實上也是踐行佛法的過程——把佛法智慧落實到內心，變成自己的信念，然後再帶著這樣一份信念去做企業。進一步，讓更多員工也能擁有這樣的信念，擁有這樣的道德準則。我想，具體應該由幾位企業家來談。

**曹德旺：**佛教有分等級，如人天乘、聲聞、緣覺，還有菩薩乘。身爲做企業的人，當我們僅處在人天乘的階段，也就這樣的水準，千萬不要認為自己是菩薩了。如果這樣認為以後，又呼喚來一些人，結果會怎樣？就好像你走過寺院，看到人家在那兒跪拜——今天是佛祖生日，僅僅這個水準而已，根本還談不上用佛法理論來做企業。

佛法講什麼呢？就是教你怎麼做人。真正要成佛，必須經過六度，從布施到最後的般若。般若又分不同層次，一是有相般若，帶相的，能夠講出名字的智慧，用現在最簡單的話來說，就是「上知天文，下通地理」。你能有這個水準，做企業家就沒問題了，是不是？不要說用佛法的道理來做——難！因為你沒有這個水準。我自己也沒有這個水準，我都快退休了，還沒有修到這個水準。

那要怎麼辦？不能只是道聽塗說、人云亦云地講兩句。這樣的問題，首先給自己的定位要準確。我看過一篇文章，寫金庸筆下的人物「石破天」。石破天是傻瓜，草莽英雄，沒什麼思想，但有一個特點，相信天下所有人，認為所有人都是對他好的，沒有人害他，其實他後面都是準備打他的明槍暗箭。就這樣一個人，

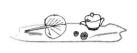

他後來成功了，成爲江湖的一把手。

我認爲，金庸寫的就是正信。做爲企業家，最簡單的辦法——信！信法律的尊嚴，通道德的存在，信客戶是最值得尊重的上帝，信員工是你的左右手，你說對不對？如果用佛法來治理的話，佛門提倡持戒，要戒掉貪瞋癡慢疑。我認爲儒家也是這樣的，只是提法不一樣，是仁義禮智信。

所以，信非常關鍵。對一個人來說，如果你對誰都不信，肯定死。有人擔心，信了被人家騙怎麼辦？其實，騙也是你錯，不是他錯。因爲起碼你自己不自信，而且內心不強大，不夠水準，才會被騙。國際上評價企業家不良紀錄的時候，吸毒、賭錢、逾期不還都算不良紀錄，最後一條是什麼？有沒有被騙。連被騙也算不良紀錄，這也是在信的範圍內。

**楊錦麟：**被騙不是施，記住。踴躍發言非常好，來，介紹一下自己，提問題，不要發表見解。

**問：**我是中國佛教協會《法音》編輯部的陳星橋。我在佛教界幾十年了，佛教的商業化，是被老百姓包括信徒非常詬病的，我們身在其中也能感受到。靈山公司應該說在國內運作得比較好，雖然是商業團隊，但有宗教信仰，有文化底蘊。可國內想學它的，九成都學得很失敗。當然，它是企業可以這麼做，如果寺院這麼運作的話，恐怕會把佛教扭曲掉。我想請濟群法師就佛教的商業化談一談，怎麼在促進佛教文化良性發展的同時，避免商業對佛教神聖性資源的損害。現在，國內好多名山大寺被商業集團綁架了。楊居士在佛教界做了很多事，應該很瞭解，我也想請你對這個問題做一些分享。

**濟群法師**：首先要明確，這和今天的「佛教與企業文化」不是一個問題。當然，商業化確實是當今佛教面臨的重要問題。包括最近的少林寺風波，也和這種商業化有關。

佛法是人生的大智慧，對國人的心靈建設，包括世界觀、人生觀、價值觀的建設非常重要。但在今天，各種風波帶來的負面影響，正使這個品牌不斷被貶值。它所帶來的，不僅是佛教的損失，而是整個社會的損失。

如果民眾沒有這樣一種智慧做爲心靈建設的源泉，那麼，人生的出路在哪裡？社會的出路在哪裡？國家的出路在哪裡？我覺得，這種智慧正是復興中華民族、實現中國夢的關鍵所在。

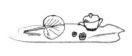

做爲佛教來說，還是要正本清源，回歸到它的基本職能，那就是修行和弘法。教界之所以有這麼多問題，正是因爲修行上不去，且弘法教化的功能不足。這一方面有教界自身的原因，另一方面也有社會環境對佛教的影響。所以，佛教界要以加強自身建設爲根本，同時，希望社會對佛法智慧的意義有充分認識，進而給予正向、積極的推動。至少不要在不瞭解眞相的情況下妄議是非，甚至大造口業。這樣，才能保障佛教的健康發展。

**楊錦麟：**濟群法師講得很委婉，很含蓄，但說實話，大家也聽得明白，這是所有出家和在家修行者要面對的。佛教東傳而來，在我們這塊古老的土地上，經過了多少次起起伏伏，我們都有責任去面對它。

**楊釗：**關於這個問題，首先，我所護持的寺院都是贏的，因爲我無所求。不論是幫助企業還是寺院，我布施過的，從沒想過要回報一塊錢。因為我是無所求的心，所以就不存在虧本的問題。

第二，不是任何人來，我都會布施的。我一定要看，這個寺院是不是具備那個緣。所以有人說，為什麼你一會兒全力支持，一會兒一點都不管呢？我真的是這樣。

我的標準，第一是有沒有具備發心的人才。我的發心就為社會，如果你出來承擔，也要真的發心為社會。第二是有沒有智慧。如果只有發心沒有智慧，也是不行的。第三是有沒有緣。雖然很有心，也很有智慧，但他沒福氣，人家也是不買帳的。第四是看那個地方，主要就是有沒有場。如果「法財侶地」四緣具足，我就會放在每年的資助規劃裡，而且全力支持。我們共同去做，一定是成功的。我對於企業和佛教的關係，是這樣處理的。

**楊錦麟：**這個很超脫。因為他無求，很難得。在座還有哪一位朋友來？

**問：**今天的論壇大德雲集，非常殊勝。我們做為合作方也覺得非常榮幸。我這裡想問馬來西亞的李先生，這場論壇中提到一個實際落實的問題，也就是說，把「同願同行」的論壇主題和「大道大商」有一個具體結合，再發出爲中國減貧，尤其是減赤貧的呼籲，這個非常有價值。同時我聯想到，赤貧的家庭中，一定面臨失教的問題，又與文化傳承、佛法弘揚，以及未來下一代、下下一代的培養有關。請問李先生，在這方面，您對於自己今天的呼籲，有哪些比較具體的可操作的構想？在這裡傳播出去，應該會有更多的人回應。

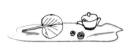

**楊錦麟：**金友兄，我覺得你可以把它具體化，因爲騰訊的公益基金錢很多，你提好的話，它能夠加入。

**李金友：**我們做好事的話，必須要有人力、財力、物力。有些事情，其實危機也是機會。我昨天和濟群法師見面時提到，在經商方面，尤其這二三十年，中國都是在學西方，這無可厚非。可我覺得，我們要有自己的東西。西方人提 economy，等於是做企業。可中華文化的「經濟」這兩個字，我曾在前面加一個「以」，後面加一個「之」，即「國泰民安，以經濟之」。經是什麼經？佛經。

比如我們談到，很多問題都是人心出了問題，所以佛教有《心經》。經也是道路的意思，就像車有車的道路，「經」就是我們人生的路。那麼「濟」呢，法師的名字叫「濟群」。我們學到了，有了這個經，解決了自己的很多問題，接著就要去「濟」，去幫助群眾。

我覺得在社會中，醫院、學校和道場這三個領域，雖然可以創造利益，但見利要思義，不可以見利忘義。這個義是什麼？就是用你產生的利益去救助貧苦大眾。西方有很好的制度，做出法律規範，學校可以收費，但不能盈利。如果收費有盈餘的話，可以用來提升老師的素質，提升學校的設備，但從來沒有個人可以從中盈利。這些，我覺得可以借鑒西方。

我們現在要扶貧，我覺得在中國，錢是沒有問題，問題是心和方法。現在中國有個很危險的習慣，每次朋友請吃飯，人離開了，八成的東西還沒吃完。馬來西亞也有很多富有的人，這在我們的傳統裡是不能接受的。但在中國的大江南北，這種現象比比皆是。怎麼改變或調節這個情況？比如我們吃飯時，你消費三千塊，

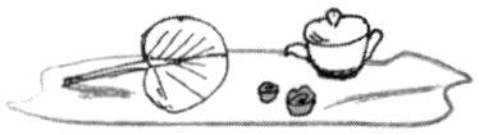

會自動捐三十塊，就可以幫助一個窮困者。我六十歲了，想找一批志同道合的朋友。我們訓練年輕人，幫他去做生意。他做了生意後，本金要還回來。然後我們再用這個本金去幫助第二個年輕人。另外，你的公司還要給我百分之二十的利潤，我就用這百分之二十來周轉。這是我個人想做的，回應你這個問題。

**楊錦麟**：扶貧是世界性的問題，減貧也是世界性的問題。這是我們論壇之後，另一個思考的話題。在座還有哪位要提問的？

**問**：感恩各位師長大德，我主要想問濟法師一個問題。據我的觀察，現在的中國，很多學佛居士對佛教的認知，還處在迷信的階段，甚至說邪信也不爲過，正知正信是極少數。我一直在思考，得出了一個粗淺的結論。人有三觀——世界觀、人生觀、價值觀，很多中國人的三觀是混亂的，所以在信仰方向上也是混亂的。比如他可能根本不承認輪迴因果，但又在學佛，這是矛盾的。請法師開示，怎樣指引這些居士走向正信之路？

**濟群法師：**隨著社會的發展，民眾越來越關注精神、心靈方面的問題，對佛法有需求的人也日益增多。目前，佛教界在弘法上總體還是顯得不足。另一方面，佛法博大精深，學起來確實很難，沒有引導的話，多數人往往會無所適從。所以，我也一直在探索，如何讓大家有效地學佛。

首先要有次第。就像我們讀書，是從小學到中學、大學，逐步深入。中國的禪宗講究頓悟，要「直指人心，見性成佛」，但除非你是上根利智，多數人都需要次第前行。

此外還要有方法。現在學佛存在兩種情況，一是偏於理論，學了很多道理，但用不起來。二是盲修瞎練，雖然每天念經念咒，但沒有見地做爲指導，不懂得怎麼用心，只是機械地做各種事，流於表面。這就涉及到知和行的結合。如何把佛法智慧變成我們的認識，以此建立我們的人生觀、世界觀、價值觀，再用這些觀念去修行，去指導生活，待人接物，需要有一系列具體的落實方法。

我目前形成了一套課程，叫「三級修學」，立足於「菩提書院」這個平台，大家

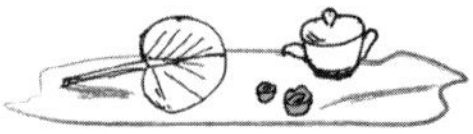

可以用我們的網站來瞭解。按這套課程來學，一步步往前走，次第會比較清晰。如果有目標，有方向，有方法，有氛圍，學佛就變得比較容易。

**楊錦麟**：時間關係，再請最後一位提問。

**問**：非常感恩這次「大道大商」的論壇，今天這個主題非常好。我有兩個問題：第一，何爲大道，道是否有大小？第二，我想請教曹德旺先生，從他的角度來定義，何爲大商，商是否有大小可論？

**曹德旺**：道沒有大小之分。孔子問老子，什麼叫道？老子答覆他，道在地球沒形成之前就已經有了。不論大道小道，它是一種無形的東西，是無處不在的。商也沒有分大小，但企業有分大小。我也是小企業出身的，你現在比我年輕的時候還派頭。

中國人寫東西喜歡押韻，所以有「大道大什麼」。其實，道是沒分大小的。做爲道，是非常神聖的，是不可侵犯的，任何人都不能顛覆。

**濟群法師**：我接著曹居士的話補充一句，道是沒有大小的，但因爲這個世間有很多小道，包括小道消息，所以才假名爲「大道」。

**楊錦麟：**今天談的是「大道」，是大道之下的佛法弘揚，也談到每個企業家對成功、財富、利益、慈善、幸福的看法。雖然這只是一個開頭，但能開一個頭，我覺得就很了不起。在論壇即將進入尾聲時，請每位講者對今天的發言，用一句話作個小結。

**楊釗：**做爲一個企業家，路在何方？路在腳下。

**李金友：**做一個簡單的生意人。

**曹德旺：**人生眞諦是「信願行」。

**濟群法師：**希望我們透過繼承傳統文化，包括佛教文化、儒家文化，對成功、幸福、利益、慈善等人生問題有重新的認識，重新的定位，爲中國社會的未來發展提供一種智慧引導。

——本文根據對話錄音記錄，未經參與嘉賓審核

# 4

# 以智慧經營企業

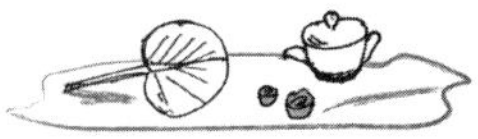

二〇一九年十月二十日，濟群法師應福建「盛和塾」之邀，在廈門爲塾生、志工數百人開示，並在講座後爲聽眾答疑解惑。

## 在競爭中擺正心態

**問：**佛教宣導利他，但做企業都會面臨激烈的競爭，怎樣在競爭中擺正心態？

**濟群法師：**競爭靠的是實力，而不是靠硬爭。怎麼具備實力？關鍵是從各個方面做好當下的工作，也就是佛教所說的因上努力。至於心態，區別主要在於用競爭的心還是服務社會的心，結果將完全不同。帶著服務的心，就能得到社會認同，還會招感志同道合者的參與，做起事來自然順緣具足。反之，帶著競爭的心，勢必有很多人和你競爭甚至對立，就會越做越辛苦。從事情本身來說，沒有競爭的心，未必就做不好。事實上，當我們以平和的心態看待問題，才能客觀地審時度勢，做出智慧選擇。

**問：**對於社會上的各種競爭，我常常心有掛礙，做事比較保守，缺乏勇氣和魄力，擔心經營不好企業，怎麼解決這個問題？

**濟群法師：**經營企業只是人生的一部分，不等於經營人生。我們要站在經營人生的高度看問題，而不僅僅是局限於企業本身。對於企業來說，必然會面臨市場競爭，這是正常的。這些年有大量企業倒閉，也有一些企業發展迅速。做爲企業主，我們既不能盲目自信，也不必妄自菲薄，而要高瞻遠矚，看到社會的痛點，看到市場需要和發展趨勢。有了前瞻性，才能站在時代前列，先人一步。如果被動地參與競爭，那是很辛苦的。另一方面，要帶著利他心、供養心服務社會，就能廣結善緣。總之，我們不必帶著競爭意識去面對市場，而要本著學習的心態做好分內事，在打造產品、提升實力的同時，進一步加強管理能力，優化運行機制。把這些都做到了，就沒什麼需要擔心的了。

## 以出世心做入世事

**問：**解脫道修行表面看是消極出世的，而大乘菩薩道修行是以出世心做入世事，那

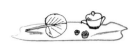

麼，有沒有什麼標準可以衡量，我對世間法的出離是良性的，尤其在物質、情感等層面？

**濟群法師**：我曾在《佛教徒的人生態度》中談到學佛的八個常見問題，其中包括對消極和積極的解讀。這個問題是相對的，參照點不同，就會得出不同結論。世人往往以事業、財富、家庭、感情爲座標，以追求這些爲積極，否則就是消極的。聲聞行者認識到生命眞相後，主動放棄世俗追求，以「我要追求眞理、戰勝煩惱」爲目標，而不是隨順輪迴串習。從某種意義上說，他們是更積極的。

做爲在家居士，既要學佛解脫，又要照顧生活，很容易非此即彼，要麼入世太深，要麼不負責任，都不是正確的態度。從大乘修行來說，兩者並不矛盾。如果我們在履行世俗責任的前提下發菩提心，有次第、有系統地聞思教理，再輔以相應禪修，就能把生活和修行統一起來。過好世俗生活是要智慧的，不是說入世很深就能過得開心。事實上，社會上很多人都是因爲深陷其中而痛苦。

有人說，如果沒有佛教，中國人會過得很辛苦。因爲儒家文化缺少出世的一面，而過分入世的話，得意時執著，失意時不捨，得失都放不下。而有了佛法的智慧引導，就能在積極入世的同時，保有超然的心態。得意時不黏著，失意時不失落，因爲這些都是因緣使然，只要盡到自己的努力，就能坦然接納一切結果。所以出離心並不是讓我們離開世間，而是有智慧地過好入世生活。至於這種出離是不是良性的，從菩薩道的修行來說，在於能不能提升爲菩提心；從世間法的標準來說，在於能不能承擔應盡的家庭、工作和社會責任。

## 修行就是在不斷收編股權

**問：**我是三級修學的新學員，也是盛和塾的塾生，有個問題一直很困惑。剛才導師說，要有終極使命，我自認爲有，但在學習過程中不斷反轉，有時還給自己找偷懶的理由，不知是習氣、業力還是什麼原因？如何在菩提路上堅定地走下去？

**濟群法師：**我們內心有很多需求，即使建立起高尚志向，也不是唯一的，還會有很多力量搶占心靈頻道，其中包括習氣和業力。要使這個正向目標成爲主導，至少要

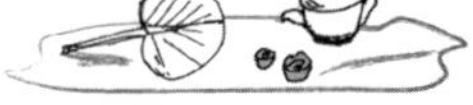

有百分之六七十的股權。我們現在學佛不久，雖然知道這件事很重要，但它在內心的股權遠遠不夠，甚至不到百分之五，想讓這個小股東當家做主，做得到嗎？我們每重複一種心念和行爲，就意味著把生命能量賦予其中，所以重複什麼特別重要。如果缺少智慧，總是把能量賦予煩惱和負面心理，讓它們取得發言權，心行當然會不斷反轉。從某種意義上說，修行就是不斷收編股權的過程，讓正向股權從百分之五增長到百分之五十以上，才能擁有決策力，決定生命方向。

## 風水和慈悲，誰更重要

**問：**《易經》重視風水，而佛教認爲慈悲才能帶來福報，兩者矛盾嗎？有哪些可以交集之處？

**濟群法師：**風水是古人對人類命運和世界發展規律的總結，這和佛法並不矛盾。佛法的緣起說就是告訴我們，營造不同環境，會給人帶來不同影響。比如傳統商業以產品爲主，但現代商業講究「人貨場」，把場營造到位，就能激發顧客的購買欲，並增加用戶忠誠度。

其實風水也是一個場，是以外在環境影響我們的心，並非無稽之談。但在佛法看來，這只是決定命運的眾多因素之一，根本還是在於心的作用。如果僅僅改變風水，不從心上改變，只能起到暫時的作用，不能在根本上解決問題。而心可以主導行為，進而形成習慣乃至業力，這才是生生世世影響我們的。以慈悲心修利他行，就是在積累善業，可以使自己越來越有福報，也使環境和人際關係變得更好。反之，如果沒有正確的處世觀念和行為，就會造作不善行，帶來種種麻煩。所以重點是改變心行，這才是一切問題的根本所在。至於風水，並不是不要注意，但不要變成風水決定論，好像一切都會隨著風水而改變。我們把主次分清楚，抓住根本，再以風水輔助，也是挺好的。

## 念經就可以消業嗎

**問：**有人說，學佛人做了錯事，念幾部經就可以消業。就像有些企業做了錯事，做些

慈善就可以挽回影響。是這樣嗎？念念經，拜一拜，眞的可以把過往業力修好？

**濟群法師**：各種宗教都說到懺悔的修行，不僅佛教有，天主教、基督教也有。因爲人非聖賢，孰能無過？只要是凡夫，就會因爲無明和串習犯錯。如果不能懺悔，那就麻煩了。

無始以來，我們造下種種惡業。〈普賢行願品〉說：如果眾生罪業有形相的話，盡虛空遍法界都不能容納。好在我們還有強大的消毒系統，既會造業，也有能力消除。懺悔的關鍵，是從內心認識到這麼做的錯誤，發願永不再造。就像我們在生活中做了傷害他人的事，如果死不改悔，冤仇就會加深。反之，如果我們能眞誠悔過，全力彌補，對方也可能因此而諒解你。

念經也好，拜佛也好，不只是祈求外在力量，主要是透過這些方式來改變自己的心，改變由業感果的緣，這才是除罪的原理所在。所以懺悔能起到多大作用，是取決於我們用什麼心來念經和拜佛，心的力量有多大。

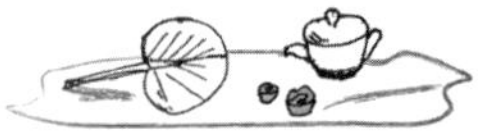

## 事業和修行，何去何從

**問：**我現在從事行銷行業，需要應酬的地方比較多，但自己又不擅長應酬。特別是持酒戒之後，有時因爲業務需要請人家吃飯，很尷尬，不知怎麼維繫良好的關係。到底我是逃離環境，還是在這種環境下調整自己，既做好事業，又保證修行？

**濟群法師：**世間的道路很多，不是唯一的。所以首先要確定，這件事是不是適合你？有沒有其他選擇？如果有其他選擇，可以嘗試更適合自己的；如果沒有選擇，就在現有環境下調整。說到應酬，現在政府已經限制官員喝酒吃飯，從大環境來說比過去更有利。在業務往來中，雖然喝酒吃飯是一種常規應酬方式，但也不是必須的。如果你與對方合作時講究誠信，同時有利他心，不僅考慮自身利益，也考慮對方利益，對方確認你做人有原則，靠得住，是難得的合作夥伴，其實喝不喝酒一點都不重要。當然建立信任需要過程，只要你表現出足夠的誠意，讓對方按下「確認鍵」，就不需要借助應酬來溝通了。

## 宣導道德需要氛圍和引導

**問：**如何在企業做好道德建設，讓大家自覺遵守？

**濟群法師：**宣導道德需要氛圍。當整個社會不重視道德時，人們會覺得：道德值多少錢？我爲什麼要遵守道德？別人都不講道德，我不是吃虧嗎？那樣的話，落實起來就有難度。所以我們要把道德建設納入企業文化，有了氛圍，大家才會自覺遵守。怎樣營造氛圍？必須在觀念上加以引導，主要有兩個角度。

首先，強調道德的個人價值，再強調社會價值，讓大家知道，道德最大的受益者就是自己，這樣更容易產生認同。生命是由種種心理模組組成的，道德正是組成這個產品的優秀原料。我們希望自己有美好的生命品質，就要在原料上把關，選擇合格而非有瑕疵的原料。其次，道德屬於正向心理。現在很多人被心理疾病所困，其中的重要原因，就是過於自我，不重視道德，從而使內心狹隘、封閉，引發種種問題。而道德可以爲生命注入正能量，有助於心理健康。

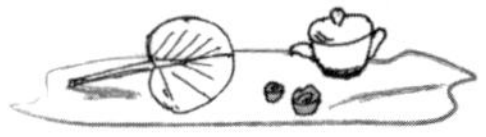

當我們透過引導，在企業營造道德氛圍，使身處其中的人感受到這麼做的利益，就能上行下效，互相增上。我們宣導佛化企業，就是希望企業家們透過對智慧文化的學習和實踐，在企業營造道德、利他的良好氛圍，讓員工在工作的同時，心靈得到滋養和成長。進一步，把這樣的正能量帶給社會大眾。

# 5

# 換個角度看人生

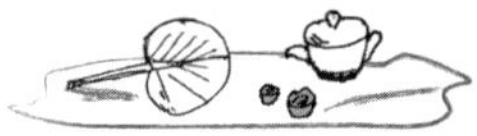

二〇一九年十一月十七日，濟群法師在蘇州西園寺，與前來參學的企業家們舉行論壇，探討佛法在當代社會尤其是企業中的運用，本文是法師在論壇期間爲大眾答疑解惑的錄音整理。

## 情感危機的出路

**問：**我的職業是情感導師和心理諮詢師。兩年前，我和同行辯論說：心理學解決不了國人的心理問題，更解決不了情感危機。很多同行反對，昨天我在法師這裡找到了確定的答案。

造成情感危機主要有四個因素。一是心理問題，因爲內心的不安、執著、依賴、期待導致，愛和恨都是魔鬼；二是中國目前的情感本色退化，男人像女人，女人像男人；三是孝道的喪失，如果夫妻能孝順彼此父母，不用特別維繫，婚姻也會和諧；四是信仰的缺失，因爲不懂得人生意義，導致精神空虛，就以物質和性來填補，使婚外情日益氾濫。但在情感行業，非但沒有對人有正確引導，往往還教人變壞。比如有的諮詢機構引導第三者上位，或是推動那些毒瘤般的關係復合，讓無法共同生活的兩個人繼續維持。怎麼解決這些亂象？

**濟群法師：**現在中國離婚率很高，是情感危機的重要體現。佛法強調緣起，認爲一切現象都是由眾多因緣構成的。情感危機不僅是個人的事，還有其社會環境和文化背景。從這些方面著手，才能爲情感關係奠定良好基礎，主要有以下三點：

第一，傳承儒釋道傳統文化，加強防範機制。如果我們有佛教信仰，就會以戒律自我約束，而不是縱容欲望和習氣；如果我們接受儒家文化，就會重視家庭和夫妻的倫理，知道哪些原則不能逾越。否則往往會跟著感覺走，而凡夫的感覺是錯亂的，很容易錯上加錯。

第二，踐行孝道，做爲婚姻和情感的保障。中國傳統社會重視宗族關係，那種幾代同堂的氛圍，本身就是婚姻的堡壘。而且婚姻是兩個家族的事，變更成本很大，讓人必須從整體考慮問題，會更有擔當。現代社會主要是小家庭，和雙方親友的關係很鬆散，看似多了自由，其實少了責任和保護，很容易因爲衝動行事而

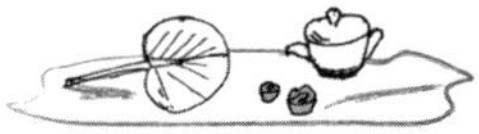

破壞婚姻、傷害感情。踐行孝道不僅能培養感恩心，也能使人在家庭中學會換位思考，知道和諧相處需要做些什麼，怎樣才能在這種關係中自利利他，而不是以自我爲中心。

第三，修身養性，自尊自律。現代社會崇尚個性解放，加上隨處可見的聲色刺激，在這樣的大環境下，很難不受誘惑。尤其在有錢有權後，誘惑更是隨之升級。必須加強自身道德建設，建立精神追求，才能在任何對境中保持定力。這不僅是對情感關係的保護，也是對自己最好的保護，否則就會被欲望綁架，結果害人害己。

## 做人爲本的教育

**問：**我做教育二十年了，以前只要抓好教學，學生都很上進，家長和用人企業也滿意。但這兩年，啃老的孩子越來越多。這些學生與老師或外人交流都沒問題，但和家長溝通時態度惡劣，一言不合，或要錢不能滿足，就玩失蹤。很多家長帶著期待把孩子送到學校，希望我們能教育好。本著這樣的責任，我們陸續開展了傳統文化的學習，讓學生加強修養，但效果並不理想。今年我家師兄做了禪意空間，開了好書精讀，對學生免費開放，希望透過空間氛圍和讀書會影響他們，好像也沒怎麼見效。怎樣可以幫助這些學生和家庭？

**濟群法師：**教育是多方面的，在這個問題上，學校教育只能起到部分作用，不是全部，更不能代替其他教育。在一個人的成長過程，首先是家庭教育，然後才是社會和學校的教育。家庭中，父母能給予孩子什麼樣的引導？能給孩子做人的教育、生命的教育嗎？中國父母普遍對孩子一味溺愛，是導致啃老現象的重要原因。國外很重視孩子的獨立性，教育也是以幫助孩子獨立成長爲目標。其實動物界也是如此，把幼崽帶到一定時候，就讓它們獨自謀生，而不是無休止地養育下去。做爲父母，如果在親子教育中缺少智慧和科學方法，不能培養孩子的獨立性，從某種意義上說，可能是害了孩子。所以學校要和家長充分溝通，取得配合，而不是把教育責任都攬過來，否則很難見效。除了家庭影響，另一方面的困難在於，整個社會充斥種種誘惑和錯誤觀念，無形中給孩子帶來眾多不良影響。這是全社會需要關注和反思的。我們宣導人生佛教，正是爲了在這方面盡一份力。

至於學校教育，首先要教會他們怎麼做人、怎麼獨立，這才是最重要的。現在從老師到家長關心的，無非是文化知識、技能教育，或是讓孩子學些才藝，普遍缺乏做人和心智獨立的引導。如果不懂得怎樣成爲合格的人，這些知識、技能、才藝很可能起到負面作用，甚至被用於作惡，成爲「精緻的利己主義者」。在未來社會，生命教育才是最重要的課題。隨著科技發展，物質生活已不成問題，最大的問題在於人自身。我們有沒有健康的心態在社會立足？能不能面對外在的各種境界？不僅孩子需要教育，成人同樣需要教育。現在心理疾病患者日益增多，原因就在於長期以來不重視心理健康，沒有相應的道德建設和精神追求，這樣的心靈世界是很脆弱的，很難在這個瞬息萬變的社會過好。

至於怎麼用好傳統文化，讓孩子們感興趣、願意學、有效果，一方面要注重內容選擇，一方面要結合受眾特點，以他們喜聞樂見的載體來呈現。這點非常重要。

同樣的內容，如果以不同角度來解讀，或是以不同方式來傳達，效果完全不同。佛法的契理契機、教育的因材施教都說明了這一點。做為一線教育工作者，要在發心利他的前提下積極探索，積累經驗。

## 命自我立的規律

**問**：我參加活動最大的感受是，正念本身存在於心中，只是需要被喚醒，感恩西園寺給我們提供了返璞歸眞的機會。我的問題是，很多時候我到了新環境會問自己：我爲什麼來這裡？爲什麼是我？接觸佛法後，知道了生命輪迴。現在我遇到選擇時就會想：如果我做了不同選擇，命運走向就會不同，這和命中註定或生命輪迴似乎有點衝突。關於命運去向何處的問題，希望得到開示。

**濟群法師**：人到底有沒有命運？宿命論者認爲現有一切皆爲前定，也就意味著，當下努力是沒意義的。這並不是佛法的觀點。佛法雖然認同命運有一定規律，但只是遵循由因感果的法則，一旦因被改變，果也會隨之改變。在我們成長過程中，認

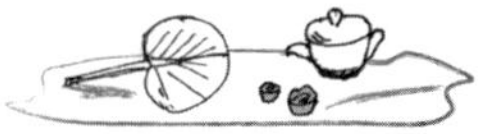

識會決定想法，想法會導致行爲，行爲會積累習慣，習慣會成爲性格，性格會造就人格。雖然「江山易改，本性難移」，但不等於不能改變，而是要找到源頭，從根上改變。

命運的源頭在哪裡？誰在決定這一切？宿命論認爲是超自然的外在力量，神佑論認爲是做爲最高主宰的天或神。但佛法告訴我們，命運就掌握在自己手中，由想法、行爲、習慣、性格決定其走向。我們要改變命運，同樣要從認識開始，以佛法智慧建立正確的世界觀、人生觀、價值觀，改變思考問題的方式，導向積極利他的正向行爲，以此重塑我們的習慣、性格、人格。只要改變觀念和心態，每個人都能改命轉運，所謂命自我立。

從佛法來說，每個選擇有其心行基礎。如果我們建立新的觀念和心態，就可以改變選擇。進一步，又以這個選擇爲因，導向新的結果。人生如舟，而我們無始以來積累的業力就像洪流，如果不把握主動，就會被業力牽引，水沖向哪裡，舟就漂向哪裡。只有去掌舵，才能改變方向。

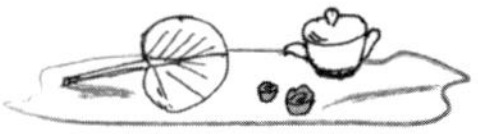

# 修學路上的引導

**問：**我二〇一二年讀到濟群法師的《心，人生的導演》，當時特別有感覺，但兜兜轉轉，去年才來到西園寺，今天是第三次來。我原來開了個小公司，執著於掙錢。後來走不動了，覺得工作、生活、家庭未必是錢可以搞定的，不知道掙錢的意義，甚至不知道人生的意義。於是被迫停下，開始學習儒釋道，但走了很多彎路。請問法師，修行路上是否一定要有善知識引導？

**濟群法師：**現在商品市場很混亂，充斥各種假冒僞劣，使人深受其害。其實精神市場同樣混亂，除了傳統文化，還有附佛外道、民間迷信，國外傳來的各種身心靈課程也是魚龍混雜，一旦誤入歧途，後果嚴重。要知道，普通產品只會帶來暫時的物質損失，但精神產品的危害是長久的，如果因此形成錯誤觀念，會影響今生乃至生生世世，所以選擇信仰時要特別謹慎。初學者未必有辨別的智慧，最好選擇世人公認的傳統信仰。比如佛教，已經過兩千多年的傳承，被無數智者用實踐檢驗過，只要方法正確，這種學習是有效且可靠的。

但學佛並不容易，有漢傳、南傳、藏傳三大語系，僅漢傳就有一萬多卷經論，每部都那麼高深難懂，講得還不一樣，怎麼學？如果找出家師父，可能這個叫你念經拜佛，那個叫你參禪打坐，怎麼修？我四十年前開始上佛學院，此後一直致力於教學和弘法，看到太多人修行中存在的困難，以及走過的彎路。透過多年思考，我們總結並推出了三級修學模式。十年來的實踐顯示，這是一套行之有效的方法。按照這個次第，就能像讀書一樣，從小學、中學到大學，逐步深入。

修行不是一個點，而是從迷惑走向覺醒的道路。這條路怎麼走？有哪些網站？用什麼方法完成各網站的修行？三級修學所做的，是引導大家抓住要領，明確次第，同時以一群夥伴營造氛圍，彼此增上，而不是靠自己東看一下、西看一下。

在基礎的人生佛教部分，重點是把佛法智慧變成自身觀念，以佛法看待並解決人生、社會存在的各種問題。具備一定正見後，下面的路怎麼走？我們正在開發APP，裝上這個菩提導航，就能掌握整個修行路線，知道每天學什麼，修什麼。其中還包括心理檢測、人格模型，既可以看清目標，也可以自我對照，知道

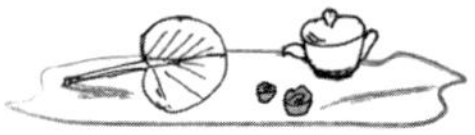

自己要打造什麼樣的生命，做到了哪一步，還要怎麼努力。

## 直面生死的抉擇

**問：**這兩天的學習非常開心，找到了回家的感覺，感恩所有師兄的付出。我想請教，如何智慧、理性地面對死亡？我父親是軍人，今年八十多歲，身體到處都是問題，是我一次次把他從加護病房救回來，但他其實很痛苦。我這麼做到底對不對？應該如何面對這樣的情況？

**濟群法師：**這是一個非常重要的問題。我們究竟要活得有品質，還是好死不如賴活著？中國人的觀念是迴避死亡，既然迴避，自然是想盡辦法地活著。包括親屬也是，不管病人多麼痛苦，都得設法讓他活著。否則的話，非但於心不安，也會擔心輿論壓力。但我們很少去想：這麼活著的意義是什麼？在全球死亡品質報告中，中國排在第七十一位，屬於倒數幾位。這個排名是根據能否善終及醫療保健環境、人力資源、人們對服務的負擔力、服務品質、社會參與等因素統計的，不僅是對客觀條件的評估，同時也說明我們的死亡觀存在問題。

當一個人患有無法治癒的疾病，經過正當治療無效，並確定後續治療沒有意義，只會給病人帶來痛苦，甚至活一天就痛苦一天，活一小時就痛苦一小時，是否用這種加劇痛苦的手段，讓病人維持沒有品質的生命？還是從精神層面幫助他，讓他平靜地走完人生旅程？需要病人和家屬達成共識。這麼做的前提，是雙方對死亡有正確認識，同時還要學習臨終關懷的內容，知道做什麼才能有效幫助對方，讓他安詳離世。

佛法告訴我們，生命是生生不息的，死亡只是今生的結束，同時也是新生的開始。當一個人走向死亡，同時也意味著你會去往哪裡。在這向死而生的過程中，臨終一念將起到重要的導向作用。如果臨終者以良好的心態接納死亡，帶著善心和正念離去，將使往昔善業成熟，導向善趣。反之，如果帶著痛苦、不甘甚至仇恨的心態，就可能導向墮落。

當病人和家屬瞭解這些道理，樹立正確的死亡觀，知道這是生命的必然結果，未來還會繼續輪迴，重要的不是多活幾天，而是帶著什麼心死，就能做出理智的選

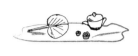

擇，而不是陷入救不救的兩難中。可以說，這是一場躲不過的考試，我們與其痛苦地拖延，不如爲怎麼考做好準備，這才是眞正有用的。

## 人際關係的協調

**問：**我有兩個問題。第一，有位做行政的師兄發心在企業辦讀書會，他們是做服裝加工的，有兩萬多名員工，但老闆覺得學佛是六十歲過後的事，他不知如何讓老闆接受讀書會，把佛法智慧傳進企業。因爲我們企業辦了讀書會，我也走訪過其他幾個讀書會，感覺效果不錯，覺得很有必要替師兄請教這個問題。

第二，現在大灣區不少企業在業務發展上有了新機遇，和一些有實力的合作方合作。我們原來考慮的是強強聯手，但在合作過程中發現，股東們運營企業的方法不一樣，彼此很難和諧共處。但現在已經合作了，都有投入，應該怎麼辦？

**濟群法師：**第一個問題，如果我們要在企業推廣讀書會，加強傳統文化建設，但又不是最高領導，肯定要取得企業主的認同和支持，否則是做不起來的。怎麼得到認同？首先要有足夠的理由說服對方，讓他瞭解到這些智慧對企業文化的重要性，可以讓企業從高層到員工統一信念，更有善心和道德感，從而增加企業的正能量和凝聚力。在具體實施時，要有選擇地重點打造，營造生態氛圍。良好的開端是成功的一半，只有做出效果，才更有說服力。大企業通常有文化講堂，可以舉辦講座等活動，在內容上要循序漸進，先選擇與世間法，尤其是企業管理相關的，如稻盛和夫的經營哲學。形成氛圍後，再把我們要推動的讀書會內容帶進去。總之，要注意方式方法，善巧引導。

第二個問題，對合作來說，選對人非常重要，不僅要考慮對方的實力，也要考慮彼此的訴求和信念，如果在這些基本問題上觀念不同，只是出於眼前利益走到一起，是很難長期合作的。如果已經合作，但發現不那麼合適，就要考量是否屬於原則問題，是否有繼續合作的基礎。如果還有一定基礎，必須明確運作規則，不能稀裡糊塗地在一起。規則明確的話，不是你聽我的，也不是我聽你的，大家都是聽規則，這樣才比較好辦。

# 6

# 擔當和放下都需要智慧

—— 濟群法師問答系列

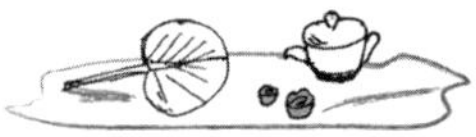

二〇一二年秋，濟群法師應廈門大學禪學俱學部邀請，在廈門賓館開講「財富與人生」，並爲現場聽眾答疑解惑。本文根據講座問答部分整理。

## 擔當和放下都需要智慧

**問：**我現在二十六歲，老闆說在這個年齡應該拚命工作，盡快上升。我平時工作很投入，生活的百分之九十都是工作，但有時會覺得這麼拚幹嘛，想把一切放下，去做自己想做的事，更有意義的事。我的困惑在於：如何平衡工作和生活，讓身心健康發展？學佛會有什麼幫助？

**濟群法師：**這個想法很有代表性。很多人對當下的生活現狀不滿，覺得不該把自己變成工作的奴隸，賺錢的工具，在無止境的忙碌中疲於奔命，卻看不到這麼累的意義所在。如何改變這一狀況？必須確定自己究竟要什麼。很多時候，我們雖然不甘於現狀，但也不清楚自己要的是什麼。如果眞有自己很想做，或覺得很有意義的事，是不難做出選擇的。可很多人並沒有認眞思考過這些，而且對現有工作依賴慣了，既想有所改變，又擔心改變需要付出的代價，也不知道新的選擇能否如己所願，就會陷入患得患失中糾結中。這就需要對每種選擇的利弊得失加以評估，其中最重要的，是做出人生規劃。可以說，這是職業規劃的前提。因爲職業只是人生的一部分，是自我成長和造福社會的途徑，本身不是目的。

學習佛法智慧，可以幫助我們認識人生意義，確立終極目標，知道自己要成爲什麼，又該爲實現這個目標做些什麼。學佛不是讓我們放棄一切，而是引導我們看清什麼更有價值，以智慧做出選擇。對具體工作來說，當我們透過學佛減少執著，學會以因緣因果看待並處理問題，同樣的工作，也會因爲觀念和心態的改變做得更輕鬆。所以學佛的幫助是多方面的，既有方向性的引導，又能落到實際事務中。

## 活著爲什麼

**問：**我在網上看到有個十歲的孩子，很優秀，連跳三級到了國一，可他突然給父母寫

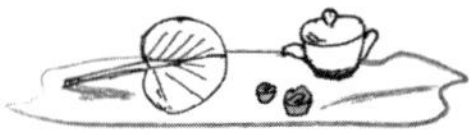

了退學申請，不希望把時間浪費在無窮的考試中，認爲這毫無意義。他說很多人讀書就是爲了上重點高中，然後上大學，實現遠大理想。可這些抱負一定好嗎？比如科學家發明原子彈，反而給世界造成更大的災難。他的理想是和心愛的女孩一起浪跡天涯，哪怕砍柴、撿垃圾都行。我問同樣讀國一的兒子，是否同意這個觀點？兒子說同意。我問他：你有沒有想過，光靠砍柴、撿垃圾，能養得起家嗎？兒子說：大人整天說讀書就爲了上大學，上大學就爲了找工作，找工作就爲了成家，成家就爲了生孩子，生孩子就爲了再讓他讀書……重複這樣的生活，到底爲了什麼？我不知怎麼回答，很煩惱，請法師開示。

**濟群法師**：這個孩子還挺有悟性的，但他只看到人生的荒謬，知道自己不要什麼，對要什麼並不清楚。砍柴、撿垃圾、浪跡天涯，只是他對既定生活的反抗，未必想過具體怎樣去做。事實上，那樣的日子並不容易過好。

活著爲什麼？曾經有人說：我們總是在被選擇中，完成一項項人生功課：還不知道婚姻是怎麼回事，就走進婚姻了；不知道當父母是怎麼回事，就當起父母了。

很多時候，我們只是順著社會的慣性，爲生活而生活，爲賺錢而賺錢。進一步，以此滿足自己的重要感、優越感和主宰欲，卻沒有想過這一切的意義是什麼，更沒想過還有其他活法。之所以這樣，是因爲我們對人生意義缺少認識，只有現實的小目標，卻看不見生命的大方向。可以說，這是整個教育的缺失。

生而爲人，除了掌握知識技能，解決生存所需，更重要的是接受做人的教育。學習傳統文化，尤其是佛法智慧，可以幫助我們認識心性，造就良好的心態和品行。更重要的是，透過對終極價值的思考，確立人生目標。職業只是社會分工，所以做什麼並不重要，做科學家也好，砍柴也好，關鍵是能不能在自我成長的同時造福社會。只有自利利他，才能眞正把人生過好。

## 如何面對他人的期許

**問：**我是來自廈大的學員，聽課後深有感觸，覺得這和我們平時的做人做事關係密切。我的困擾是，有了一定能力和地位後，會面臨親友、同事的種種期許，對於

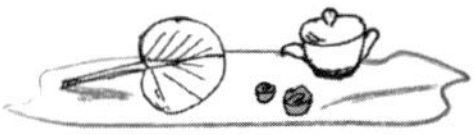

他們的需求和利益分配，有些不能放棄，有些必須給予，感覺很難平衡。怎麼才能讓大家滿意？

**濟群法師**：社會上，每個人都有各種責任。尤其是有一定能力的人，面對的要求更多。其中有些是合理的，有些未必合理；有些是自己可以承擔的，也有些會感到力不從心，可以針對實際情況分別對待。佛法所說的隨緣，就是審時度勢，然後盡己所能地去做。在此過程中，只要確實盡了力，也承擔了自己的本分，不故意推諉，即使不能滿足所有人的要求，也不必太在意，所謂「豈能盡如人意，但求無愧我心」。在這個世間，我們只是眾多因緣之一，根據自己的定位做好該做的，至於能否讓所有人滿意，並不完全取決於你。

## 認識、責任和選擇

**問**：我曾看到有明星說，她的工作方向，一是家人同意，二是和自己的宗教信仰不衝突。我家人是做石材的，很辛苦，希望我一起參與。但我覺得做石材是在開發資源，和低碳環保的理念不符，感到很困擾，應該怎麼辦？

**濟群法師：**愛護生態環境，不僅是佛教徒應該做的，凡是有一定社會責任的人，都要具備這種意識，所以你的出發點很好。當然從佛教戒律來說，在家眾的重點是遵循五戒，即不殺生、不偷盜、不邪淫、不妄語、不飲酒，並沒有規定不得開採石頭。如何選擇？取決於你的信仰深度，以及對社會的責任感。有些人以愛護環境爲己任，自覺抵制一切破壞環境的行爲，這當然值得隨喜，但無法要求所有人都達到這個高度。如果你覺得自己暫時還達不到，那麼只要符合法律和戒律的規範，在合理的範圍去做，也不會和信仰衝突。

## 如何看待佛教商業化的現象

**問：**我是虔誠的皈依弟子，既然佛教說普度眾生，爲什麼一些寺院有商業化現象？比如我們想替某人超度，一場法會要收多少錢之類。我感到很困擾，希望法師開示。

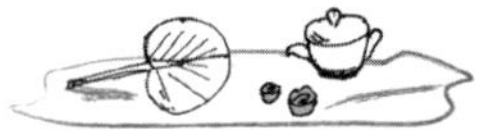

**濟群法師**：佛教經歷了文革的摧殘，然後在改革開放的商業浪潮中恢復起來，確實存在種種不良現象。其一，是因爲教界自身的教育跟不上，當寺院不是把重點放在內修外弘，自然會受社會影響，去忙些別的。其二，是因爲有些地方把寺院承包出去，用於發展旅遊和經濟，其中未必是眞正的出家人。其三，和信眾本身的素質有關，不能辨別什麼是正法，就會滋生種種亂象。做爲佛弟子，我們不要把教界的現象和佛法混爲一談。學佛的重點，是透過聞法增長智慧，以此樹立正見，解除迷惑。當佛教徒的信仰層次得到提高，都能具足正信，不良現象自然就沒有市場了。

## 事業和學佛能否並行

**問**：現代社會競爭激烈，不努力無法成功，不發展只有衰退。我雖然嚮往佛法，但覺得做企業和修行在時間上就有衝突，有沒有兩者並行的方法？或者說，兩種選擇應該怎樣排序？

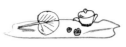

**濟群法師**：對忙於事業的人來說，要比較投入地學佛，開始確實會有一定難度。難在哪裡？一是特別忙，沒時間投入；二是事業有成，自我感覺良好，不容易放下執著，以空杯的心態修學。但能把企業做好的人往往有一定悟性，當他們透過修學受益，觀念和心態有所改變後，時間就不是問題了。事實上，時間對每個人都是平等的，如何分配，取決於你覺得什麼更重要。

從另一個角度說，雖然學佛要投入時間，但磨刀不誤砍柴工。當我們學會以緣起的智慧看問題，做起事來就能舉重若輕，事半功倍。有些人以前很在乎自我，從管理到財富都抓得緊緊的，學佛後開始懂得放手，和大家共用利益，並在管理等方面充分發揮大家的作用，雖然投入時間少了，做得輕鬆了，事業反而蒸蒸日上。所以做事的方式很多，不是要一味地忙，一味地緊抓不放，心態和方法都很重要。這是佛法教給我們的。

## 以慈悲心吃素、放生

**問：**從營養學的角度，飲食要葷素搭配，但我信佛後聽到不要殺生，感到很糾結，擔心孩子會營養不良，不知該怎麼辦。再有放生的問題，我本來覺得挺好，畢竟眾生是平等的，但我花錢放了，另一部分人跟著去捉，甚至他們專門去抓了等我們買下放生。如果用這些錢做別的善事，是不是更有意義？

**濟群法師：**不殺生，不等於要完全吃素，除非你已經受了菩薩戒，否則還是可以吃三淨肉的，就是市場上那些不見殺、不聞殺、也不是專門爲你殺的。這些不屬於殺生範疇。至於從營養學的角度，也有各種研究結果。葷素搭配只是傳統觀念，現在關於素食有益健康的研究和實例很多，包括胎裡素的孩子，同樣有很好的表現。而在動物界，牛、馬、大象等體格健壯的大型動物都是吃草的。所以不少人出於健康、環保而非宗教原因選擇素食，這種觀念正得到越來越多的認同。從另一方面看，現在的養殖方式本身就不健康，從獸用抗生素超標，到豬瘟、狂牛症等隱患，甚至人畜共患的疾病，可謂問題多多。

說到放生，關鍵是帶著慈悲護生的心態去做，是爲了將物命從屠刀下解救出來，而不僅僅是以此求得福報。同時要以智慧考量，不買那些專門捉來給人放生的物命，並選擇適合物命生存的放生地點，把善後工作做好。如果當作例行公事那樣隨便放，既不利於它們的後續生存，還可能造成其他環境問題，就和放生的本意相違了。所以說，放生的前提是慈悲護生，並以智慧加以抉擇。至於什麼善行更有意義，很難在事相上比較，關鍵是用什麼心去做。

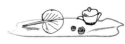

# 7
# 企業家的心理建設

—— 濟群法師與企業家的對話

二〇一九年秋，廣佛深企業界善信至西園參學。十一月十六日，華爲高級副總裁慧偉、長沙麥波食品董事長謝葦、深圳證券公司總經理張偉玲、廣州靄德集團有限公司總裁朱金玲、佛山一心公益基金會副理事長任志明等代表與濟群法師同台交流，坐而論道。論壇由長沙中南大學顏愛民教授主持。

**顏愛民教授**：濟群法師曾在長沙與岳麓書院國學院院長就佛學和儒學展開對話，主題是「如何立心立命」，非常精彩，我很榮幸地擔任了主持。今天又和台上的企業家們一起，在殊勝的西園寺，抱著眞誠之心和法師共同探討，企業家如何解決工作及人生的種種問題。我常和企業家們在一起，他們賺錢很過癮，但賺得不容易，還會帶來種種麻煩。今天台上台下有很多企業家，這個群體一方面爲賺錢所困，一方面在賺錢後被麻煩所困。我主張台上台下聯動，先請台上嘉賓談談體會，或是有什麼疑惑向法師請教。首先請華爲的慧偉師兄和大家分享。

## 企業家的心理建設

**慧偉**：非常高興在西園和各位企業家分享我的感悟。華爲之所以能從註冊時的二點一萬，發展到今天的年銷售約八千億人民幣，我總結了幾點。第一是任總散財，開始整個華爲股份都是他的，但到去年年底他只有百分之一點一四。有天我讀到《大學》的「財散人聚，財聚人散」，認爲這是華爲走到今天的重要原因。第二是任總比較低調、謙遜，六十四卦只有一卦是六爻都吉祥的，就是謙卦。任總過去從不接受媒體採訪，今年一反常態，和美國對華爲的打壓有很大關係。第三是任總非常熱愛學習，他今年七十五歲，依然堅持兩天看一本書。他在接受哥倫比亞廣播公司的採訪時說，曾有五十多年每天學習到凌晨一點。最後是華爲透過這麼多年發展，總結出了自己獨特的文化，「以客戶爲中心，以奮鬥者爲本」。我覺得，這些也適合在座的企業家。

雖然取得了一定成功，但企業家屬於高壓力人群，任總也曾面臨很大的競爭壓力，因此患有抑鬱症。相信在座不少人有類似困擾。做爲企業家，怎麼面對工作

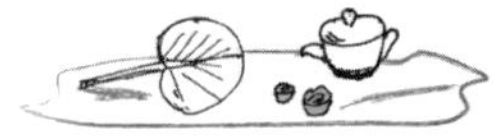

帶來的心理問題，從抑鬱中走出來？望法師開示。

**濟群法師**：上午講到「中國企業家的精神建設」，就是在解決這個問題。爲什麼會得抑鬱症？並不是一朝一夕的問題，而是長期忽略心理健康導致的。就像身體免疫系統崩壞後，疾病就會大舉進攻，心靈同樣如此。所以首先要「治未病」，透過日常保健建立防線，而不是到問題出現才後知後覺，甚至因爲錯誤觀念加重病情。如果已經有了病症，一方面是積極治療，一方面是透過傳統文化修身養性，重塑人生觀、世界觀、價值觀。就像我們在治病的同時，必須提高免疫力，雙管齊下，才能取得良好效果。儒釋道傳統文化都提倡先做人，再做事，如果讓做事成爲修德修身的一部分，那麼企業就是道場，工作就是修行，而不是因此帶來壓力和心理困擾。

現代社會競爭激烈，怎麼應對這種壓力？佛法講的是「因上努力，果上隨緣」。現在很多企業每年要有百分之多少的遞增，從企業主到員工都壓力重重。壓力來自哪裡？雖然有外在因素，但關鍵取決於自己的定位。這並不是說，大家不能追求提升，而是看清哪些才是眞正需要努力的。

對於企業來說，一是優化管理機制，二是提升技術水準和創新能力，三是建立文化信念和利他心。把這些方面做到位，本身就是最好的競爭力。當結果還不理想，就以現有基礎爲起點，繼續在因上努力。此外，要看到任何事都是眾緣和合的，是眾多因素的共同作用，其中還有我們不能把握的部分。只要在自己可以做的方面竭盡全力，就要坦然接納一切結果，而不是在預設目標後，給自己製造無謂的壓力和痛苦。現在不少人把做人和企業的關係本末倒置，仿佛就是爲企業發展活著。事實上，企業只是人生的一部分。我們應該透過做企業使生命得到成長，使自己變得更好，而不是相反。

**顏愛民教授：**法師說的在因地做文章，不要執著結果，我覺得有點像儒家的「行有不得，反求諸己」。企業家要有責任心，但責任心太強了可能成爲執著，也有問題。《六祖壇經》說要「無相、無住、無念」，就是做事不執著在相上。法師的事也很多，但看起來很淡定，言談舉止勝似閒庭信步。這樣的淡定，本身就是

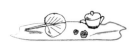

「因上努力，果上隨緣」的示現。

我還有個問題，華爲遇到這麼大的違緣，是不是它的願力太大，或是貢獻太大？從專業角度說，任總是難得的企業家。如果單純想賺錢過日子，無論賺多少，只不過是老闆。而企業家的精神在於，以企業爲平台造福社會，利益眾生。印度前總理認爲，每個企業應該是座廟，企業家就相當於方丈，把企業做爲教化眾人的地方。可見，企業家精神已經超出世間法了。法師說的企業家精神是不是這樣？

**濟群法師：**凡事都是多方面的。一方面，任總有這種擔當和責任心，值得很多中國企業家學習。另一方面，當他把企業越做越大，意味著把別人想賺的錢賺了，就會樹立更多競爭對手，面臨挑戰甚至打壓。這是成長必經的磨煉。做爲平常百姓過過日子很簡單，當你想爲社會做更多事，造福更多人，必然經受各方面的壓力，所以要有超然和出世的心態。

儒家文化提倡積極入世，而大乘佛教是以出世心做入世事，從而避免因入世帶來的壓力。如果一心入世，執著事業、名利、地位，得意時操勞且心累，失意時則會抑鬱、焦慮、恐懼、沒有安全感。所以佛法告訴我們，既要本著利他心積極入世，又要看到所做一切在本質上如夢幻泡影。帶著這種超然的心態，即便做得再多再努力，內心卻沒有掛礙和壓力。哪怕明天由於各種因素讓這件事不能繼續，也不會因此失落。所以說，只有具備入世的慈悲和出世的超然，才能進退自如，成就眞正的企業家精神。

**顏愛民教授：**說得非常好。在座各位企業家把事業做大的同時，不要把自己賠進去。事業就像一棵樹，長得越大，面對的風雪和壓力就越大，應該超然一點，彈性好一點，否則就容易折斷。

## 何去何從的抉擇

**顏愛民教授：**謝葦師兄是湖南的企業家，企業做得很好，也長期堅持學修，你今天是帶著感想還是問題來的？

**謝葦：**我是顏老師的學生，也是湖南踐行國學基金會一期班的學員。第一次隨恩師來

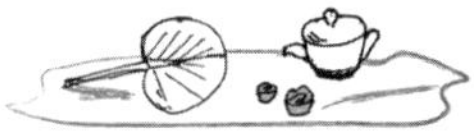

到西園，登入大雅之堂，見到內心頂禮膜拜的濟群法師，誠惶誠恐。但看到法師那麼從容，而且笑得那麼眞誠，說不出的通透，很少在社會中看到，又使我的心慢慢安頓下來。我大學是學藝術的，後來當了三年老師，因爲想賺點錢到法國深造，就出來自己做。從老師轉到老闆，算不上企業家。跌跌撞撞走了二十四個年頭，從最初的一家店十五人，走到今天的一百二十七家店，近八百員工，都是自己一步步走過來的。

我有兩個問題。第一是私人的問題，我女兒在香港工作，我擔心她未來的就業受影響，想讓她回來，但她非常喜歡那裡，做父親的有點糾結，希望得到開示。第二是企業的問題。企業雖小，肝膽俱全，任總有的問題，我也有，任總沒有的問題，我更有。現在碰到的具體情況是，有人看上我的企業，想投資，但一定要超過百分之五十一的股份，否則就不來。我覺得自己還年輕，還想幹下去，但被控股就沒太多意思，所以很糾結，怎麼辦？

**濟群法師：**兩個問題都很具體。香港最近有點狀況，但應該是暫時的，要相信政府有能力解決。而且現在是全球化的時代，不像過去，你的戶口在哪裡，就只能固定在那裡，做出選擇就關係到一輩子。現在的選擇比以前自由很多，所以不用擔心，可以根據大環境和個人喜好綜合評估。在今天的社會，不論環境還是想法都容易變化，關鍵是提升自身的能力、素質和心態，那麼將來在哪裡都沒問題。反之，在哪裡發展都不容易。

至於企業的問題，首先明確自己要的是什麼，擔心的是什麼？是擔心對方做不好，還是擔心自己失去控制權不習慣，還是別的什麼原因？我們把一個企業從無到有地做起來，做了幾十年，就像自己的孩子，對它充滿感情和牽掛，不帶就不習慣，不放心；或是目前還沒有建立更高的追求，沒有更重要的事，不妨就這麼繼續。但從另一方面來說，企業畢竟不是人生的全部。現在有人要投資並控制企業，如果經過充分瞭解，對他們的實力和能力有信心，確定他們能把企業管好，自己可以有更多時間修身養性，其實是一件好事。

當你確定自己要什麼，就知道怎麼選擇了。人生有不同階段，孔子說「三十而

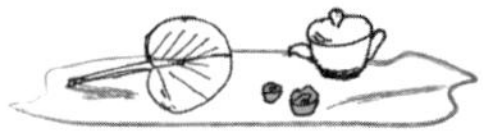

立，四十而不惑，五十而知天命」，除了成家立業，每個人都應該有一定時間去關心生命永恆的問題。事實上，這才是最值得投入精力的，就看你有沒有意識到它的重要性，什麼時候把它提到意識日程。

## 菩薩怎麼不保佑我

**張偉玲**：有這麼殊勝的因緣，和大灣區的企業家們相聚在美麗的西園，我很高興，也很感恩。我是第二次來這裡，第一次是在九月。記得很清楚，濟群法師來帶我們做早課時，我感到一股暖流從頭頂貫穿腳底，突然就落淚了。因爲這種難得的感應，我回去就進了班，這次帶了幾位深圳的企業家過來。

我是一名資深證券從業者，現在是一家券商營業部的總經理。我想請教的問題，是很多客戶和朋友想問又不好意思問的。大家都知道中國股市熊長牛短，在熊市或股災出現時，那些上市公司股東們的資產就會隨股價下跌而縮水，很多高淨值客戶的市值可能被打五折，甚至是一兩折。我從業多年，經常聽到客戶的吐槽和困惑，其中不少是信佛的，他們覺得自己皈依了，平時也做功課，包括財布施、放生等善行，爲什麼股災時菩薩不保佑我，還讓我虧錢？爲此感到很納悶，甚至連佛都不想學了，覺得生不起信心。我替他們向法師請法。

**濟群法師：**這種信仰的功利心很強，感覺在和佛菩薩做交易。就像有些人去寺院供幾個水果，就提出事業順利、孩子平安等一堆要求，似乎這些都可以透過幾個水果兌現，世上有沒有這樣的買賣？

市場有市場的規則，這個問題需要深入研究，但不在我的範圍。從佛法角度看，一個人能不能賺錢，除了客觀因素，還取決於自己的福報，而福報來自福田，就像農民必須耕耘才有收穫那樣。福田有三，一是恩田，對有恩於己的人知恩報恩；二是敬田，對三寶和有德者恭敬供養；三是悲田，對需要幫助救濟的人施以援手。

做這些的時候不能有功利心，越純粹，招感的福報就越大。《金剛經》中，佛陀問舍利弗尊者：東方的虛空有沒有盡頭？南方、西方、北方、上方、下方的虛空

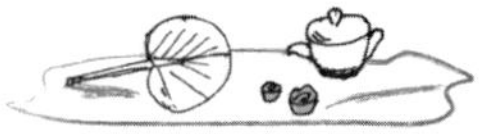

有沒有盡頭？接著告訴我們：只有以不執著的心布施，所獲福報才能像虛空一樣，是爲無相布施。這種不帶任何功利的善行，將成就佛菩薩那樣的福德資糧。反之，雖然做的是好事，但同時也會增長貪心，行爲的性質不同，果報也是不同的。如果我們想耕耘福田，既要以慈悲心廣修善行，還要帶著無相、無所得的心去做。

此外，證券和股票都是投資，要以正確的心態和定位來做，不能當作投機。因爲投機的心態近乎賭博，這是佛教反對的。既然是投資，我們就要充分瞭解自己做的是什麼。雖然世界是無常的，行的會變成不行的，不行的也會變成行的，但都不是偶然的，必定有它的因緣。所以我們要瞭解所投資的企業或專案，包括綜合實力、發展願景、管理方式、產品競爭力等，然後本著共創共建的心參與。

在這個飛速變化的時代，投資既要有長遠的眼光，更要有無所得的超然心態，不能患得患失，也不能有太強的功利色彩。學佛和行善的目的，是幫助我們端正觀念、調整心態、提升生命品質，這樣在處理世間法時就會更有智慧。但不要以信仰為籌碼，好像必須換來點什麼實際好處，這種想法本身就有問題。

**顏愛民教授：**法師講買股票時不要急功近利，但我估計操作上有難度，買股票往往以急功近利為主。但各位至少要多想一想，不要把身家性命砸進去，要立足於長遠投資，而不是短期操作，從專業上看才合理。所以法師有智慧，把核心講到了，就是做投資。下一個問題交給台下。

## 以正見引導親友

**問：**我是帶著個人問題來的。我的姐姐和弟弟沉迷賭博二十多年，給家人帶來極大困擾。他們打電話找我要錢時，我基本是拒絕的，偶爾會滿足一兩次。但每次拒絕後，內心很痛苦。我想，他們可能像法師說的那樣，發展了人性中魔性的那一面。佛教說，每個人都是自己的治療師，那他們應該怎麼治療自己？我又怎麼幫助他們走出來？

**濟群法師：**賭博有強大的成癮性，不僅是心理串習，甚至會成為生理反應，就像毒

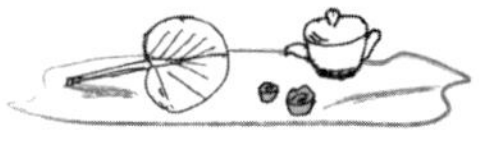

癮，一旦發作就無法自控。所以有些人哪怕傾家蕩產，哪怕一再借錢，哪怕把手剁了，還是不能自拔。所以不良嗜好非常可怕，即使在心理治療中也是非常困難的。如果情況嚴重，光靠他們自己或你的引導可能還不夠，必須多管齊下。首先是遠離相關環境，讓串習沒有出動機會，這是相對容易做到的。其次是瞭解賭博危害，建立正確認識，知道賭博欠債對家人的傷害，即使偶有所得，也是不義之財，是讓人深受其害的毒蛇。第三是豐富精神追求，知道做什麼對人生才有價值，而不是用賭博來浪費生命。第四是透過禪修培養正念，對治不良習慣。其中，最根本的是改變觀念，但這必須持之以恆，要不斷地重複正確，擺脫錯誤。

**顏愛民教授**：賭博等不良行爲，就是心性系統出了問題。用現在的話說，就像電腦中毒一樣，必須全面殺毒。最好的殺毒場所就在這裡，你可以把他引入修學。我知道有類似情況的人，透過修學改變得很成功。

**問**：我學過《了凡四訓》後，知道改造命運的原理，就安住於此。但身邊有些朋友學佛多年，也在儒家文化扎根多年，道理都知道，還是抵不住誘惑，跑到所謂的公益場所，去聽《易經》之類的課程。去了就被兜售各種吉祥物，擺在門口，掛在身上，全部下來要幾萬甚至上百萬。過段時間再見，感覺他們的言行舉止和心性並沒有任何變化。爲什麼知道正確道理後，還是會被邪知邪見蠱惑？怎麼辨別邪見和正見，有什麼準則？

**濟群法師**：一方面是知易行難，不是說我們瞭解什麼是好的，就一定能做到。我們從學習知識，到把這種認識變成自己的三觀，替代原有思惟方式，是有個過程的，可能還很漫長。《了凡四訓》非常好，告訴我們怎麼透過積累福德來改變命運，是命自我立的生動案例。但如果我們不學佛法，認識不到緣起的智慧，從立心立命到改變人生的過程還是缺少思想基礎，作用也就有限。所以不是單純停留在看過什麼，知道什麼，而要有足夠的力量重塑三觀，才能以見導行。

這種改變不是馬上發生的，必須長時間努力實踐。今天的人比較功利，做什麼都希望馬上見效，甚至寄希望於算卦，以爲這樣就能得到「內部消息」，只贏不輸。當然《易經》本身不是無稽之談，而是幫助我們瞭解命運的發展規律。但算

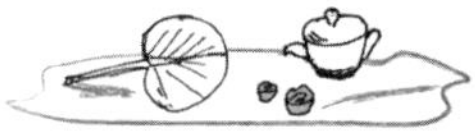

得準不準，還涉及各種因素，不能把轉運的希望全部寄託於此。從佛教來說，雖然認爲生命延續有規律可循，但更提醒我們要在因上努力，積資培福，這才是改變命運的不二法門。

關於辨別邪見和正見的標準，佛教說的是「親近善知識，聽聞正法，如理思惟」。如果沒有值得信任的善知識，光靠自己建立標準是很困難的。此外，這三點還要相互印證，一方面是由聞法導向思惟，另一方面還要透過思惟，並結合現實來檢驗佛法所說是否正確。只有透過思惟和理解，才能將所知落實到心行，成爲自己的觀念。這樣的所知才是有力量的。

**顏愛民教授：**我把法師的話再重複一下，容易上當的人，本身就抱著投機心、功利心。八正道首先是正見，以此建立基本的思想體系。天上不會掉餡餅，應該靠自己在因地去修，該有的才會有。如果本著這種心態，別人就騙不了你。另外，《易經》並不是假的，它做爲六經之首，被儒家和道家奉爲重要經典。至於是不是有人利用這個經典行騙，或達到個人目的，那是另一回事。現在我們回到台上繼續分享。

## 讓佛法走入企業

**朱金玲：**此刻坐在這裡，和法師、顏教授坐得那麼近，如在夢中。上午才接到通知，讓我來參加對話，但我來蘇州前一晚做了夢，就像現在的場景。所以我剛才聽法師開示時，感覺這個夢很眞實，特別感動和感恩。我是廣州靄德集團的，去年八月參加了企業家靜修營，當時生起強烈的願望——我要進入三級修學。回去就開始參加讀書會，今年一月進班，實現了願望。這次我是以義工身份來參加活動，又生起一個願望：把三級修學這麼智慧的體系融入團隊，讓大家像在座各位一樣走入靜修營。

在多年的經營管理中，我看到不少管理者每天都在爲事而忙，久而久之，心就迷失了。我以前也處在那樣的狀態，總有做不完的事，解決不完的問題，忙得停不下來。走入修學的十一個月，讓我沉下心來檢討自己和企業存在的問題，也讓我

更清晰地看到：企業要發展，必須解決人的問題。我來的路上聽了法師的訪談，其中說到「人成即佛成」，使我深受觸動。聯想到企業管理，也應該是「人成即事成」。請求法師開示，怎麼讓企業的管理層和員工「成人」？

**濟群法師**：做爲企業主，我們看到佛法智慧對人生的意義，希望這種文化走進企業，讓大家受益，這種發心很好。具體怎麼落實呢？首先要在企業中形成利他的氛圍，一方面關愛員工，一方面參與社會公益，透過利他把大家的心連在一起。否則，大家想的都是個人利益，彼此只有利益關係，是很難做好團隊建設的。其次是改善工作環境，增加禪意空間。員工一天有很多時間在這裡，把環境布置好，讓大家身心得到安頓，自然會增加凝聚力。第三是營造文化氛圍，透過舉辦講座、讀書會、交流分享，建立正向、積極的信念和價值觀。最後再對那些有利他心、積極參與文化學習的人予以重用，在政策上有所傾斜。借助全方位的引導，來帶動大家走入佛法。在今天這個時代，很難透過行政命令讓人做些什麼，要以潤物細無聲的氛圍，讓大家自己感受到佛法的智慧和利益。

這些作法的關鍵，是本著純粹的利他心。也有人覺得，讓員工學點佛法，就更好管理，可以更好地爲我服務。如果帶著這種想法，哪怕有一點點，也是不純粹的，往往會起到反作用。所以要眞正爲大家著想，希望大家從中受益，而不是出於個人的利益考量。當我們發心純正，眞誠對待大家，又有善巧方便，營造企業文化也不是很難。

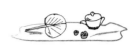

**顏愛民教授：**法師再三強調的，也是給大家傳遞的資訊，是眞正的利他心。如果以利他心成就員工，就能成就企業，成就更多的人，最後「人成即佛成」。這要有方式方法，但根本是發心要正。

## 公益慈善的困境

**任志明：**我代表「廣東一心公益基金會」來到台上，這是二〇一〇年珠江三角洲兩百多位企業家發心組成的志願團隊。大家剛才聽到，法師提得最多的是利他，我們團隊一直就是以利他爲宗旨，幫助別人，成就自己，現在是廣東省九家5A級民間組織之一。雖然我們九年來經歷了很多，但在目前的經濟形勢下，還是遇到不少難以解決的問題。

我們的主打項目是救助先天性心臟病，救一個孩子要一．五萬到三萬，先後資助了近四千名。開始時，很多人是憑著一股熱情甚至衝動加入其中。當時正值經濟高速發展，民營企業家賺到很多錢，而向善是人的本性。當大家手上有錢，也有這個心的時候，我們籌款一點都不愁。但現在企業不像以前那麼賺錢了，還要不要財布施，要不要做公益慈善？另外也有些公益組織，包括行政部門，會出於各種情況「強行」要求企業捐款。不少企業家向我們訴苦：這本不是我想做的，但是「被慈善」了。怎麼看待這些問題？

我的第二個問題是，第一代企業家已經到一定年齡，因爲精力、學識、形勢等關係，不少企業遇到很大的困難，我身邊也有朋友因此做出失信、跑路等極端行爲。對於這樣的人，我們用什麼方法幫助他改正？

**濟群法師：**中國的慈善精神並不普遍，做公益確實有一定難度。另一方面，因爲過去

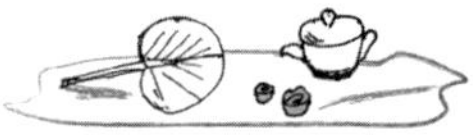

的各種事件，包括資金透明度等問題，導致人們對公益組織不太信任。在這樣的大環境下堅持做慈善，僅憑熱情是不夠的，而要眞正認識到慈善的重要性，知道這麼做對自己和眾生的意義所在。

隨著市場經濟的發展，社會的貧富差距日益懸殊，除了相應的福利制度，特別需要慈善扶貧濟困，加以調節。怎麼做好慈善？我曾在深圳爲清華ＥＭＢＡ校友會講過「企業家的慈善精神」，探討了慈善的本質、慈善精神的建立和實踐等問題。慈善並不是簡單地捐點錢，而要立足於慈悲心，透過捐款或善行幫助眾生。反過來說，如果只是「被慈善」，其實不能算眞正的慈善，不能因此增長慈悲心，也是很難持續的。

做爲公益組織，既有責任說明貧困者，也有責任讓參與者從行善中得到成長。所以我們在做公益的過程中，還要在團隊中宣導慈善精神，傳遞愛的教育，包括基督教的博愛、儒家的仁愛、佛教的慈悲。本著這些精神行善，不僅有益於社會大眾，還能於自身提升道德，成就慈悲。有了認識基礎，做慈善將是自覺的選擇。

只要利他的心不變，那麼能力大的時候就多做一點，反之則少做一點，終歸是可以做的，不必糾結於到底做了多少。

同時還要使善款使用透明化，讓大家看到你幫助了多少人，他們被幫助後的狀態如何，以此取信於人。只要把事情做到位，總會有人參與。經濟再不好的時候，也有不少企業做得挺好。現在中國眞正缺的不是錢，而是慈悲、擔當和信任。

至於有些企業家跑路，不負責任，通常不是靠勸說一下就能改變的，還要看他們自己有沒有責任心和因果觀。這些需要透過教育才能形成。雖然現在出台了關於失信者的政策法規，但僅僅這樣還不夠，關鍵是從教育入手，加強道德素養和因果觀念，讓人們知道善惡行爲的果報，學會權衡利弊。一個人守信還是失信，其實是取決於他覺得「信」有多重要。

**顏愛民教授：**由於時間關係，這次的探討就到這裡。法師給大家的是開示，什麼叫開示？我的理解是——把大家的心打開，然後顯示一些眞相。所以我們在聆聽開示後，還要自己去體悟，去踐行，這才是關鍵所在。

# 8

# 從人生使命到企業格局

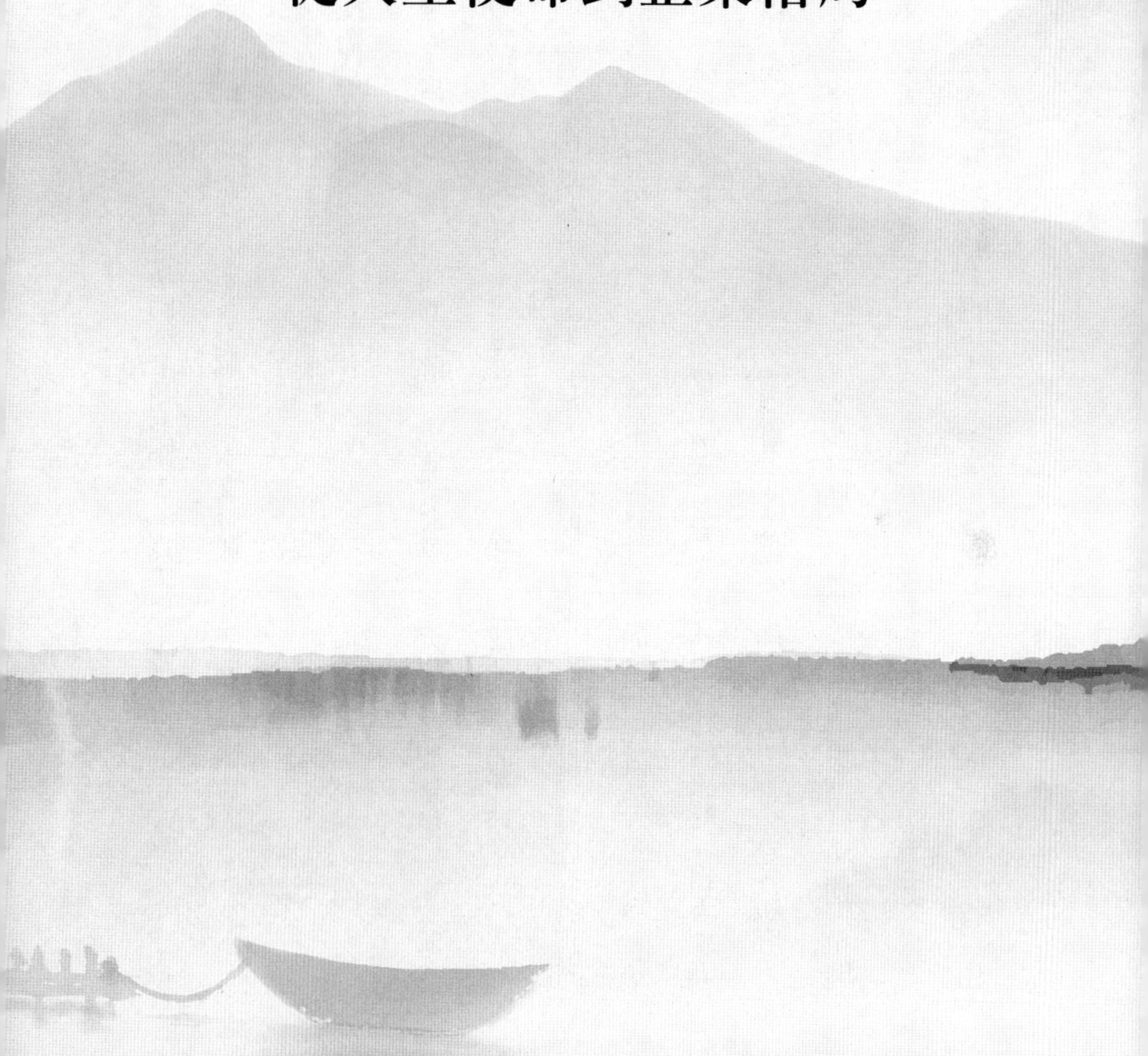

二〇一九年十一月，濟群法師在蘇州西園寺，爲來自上海地區的企業界人士舉辦了爲期兩天的靜修營，並爲大家答疑解惑。本文整理了此次問答的內容。

## 做人的使命是什麼

**問：**什麼是人生使命？按我目前的理解，這個使命就是每天起床時能讓自己開心並充滿動力的事。怎樣才能發現自己眞正的使命？您怎麼認識自己的使命？

**濟群法師：**每天讓人充滿動力的，未必是人生使命，主要是看做什麼。動力有各種各樣，有些人的動力是貪瞋癡，做起壞事來很有幹勁，如果將此做爲人生使命，那就糟了。眞正的使命必須透過文化和道德教育來建立，比如儒家的「爲天地立心，爲生民立命，爲往聖繼絕學，爲萬世開太平」，佛教的「眾生無邊誓願度，煩惱無盡誓願斷，法門無量誓願學，佛道無上誓願成」，都是崇高且充滿力量的人生使命。對於佛弟子來說，既要自己從迷惑走向覺醒，圓滿佛菩薩那樣的悲智二德，同時也要幫助普天下的芸芸眾生達到這個目的。這是學佛的使命，我也在

做這樣的努力。

## 企業必須靠狼性生存嗎

**問：**我畢業後就在上市銀行和上市券商工作，每天的工作是和企業主接觸，發現那些奉行狼性精神的企業主，往往經營得較好，而比較佛系的企業，在經濟下滑的現在過得並不好。但狼性精神就是佛教所說的貪瞋癡，如果不去競爭，怎麼才能佛系地把生意做好？時間有限的話，應該先追求現實價值還是長遠價值？

**濟群法師：**狼性精神和叢林法則都是受達爾文進化論的影響。如果帶著這份你死我活的心態做企業，不僅辛苦，還會把心做壞，使人總是處在緊張和對立中。從另一方面看，既然適者生存，說明能成功的還是少數。很多人雖在拚殺，也未必能勝出，所以狼性並不是必然的成功之道。究竟是你死我活的競爭還是和合作共贏才更有利企業發展？對於這些問題，企業界的認識也在變化。

說到佛系，有人理解為隨意和不作為，其實這是誤解。佛教所說的隨緣是審時度勢，以智慧做出選擇。日本的稻盛和夫就是運用佛法思想，立足敬天愛人，宣導六項精進，造就了兩個世界五百強企業。而現在的網際網路思惟、商業民主化、去中心化、專案管理和自下而上等模式，都和佛法緣起無我的思想相吻合，使人們重新認識利他和利己的關係。

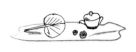

現在是全球化的時代，從生態環境到產業合作都是唇齒相依的。習主席提出的人類命運共同體，說明世界是一榮俱榮、一損俱損的關係。所以我們應該帶著利他心，建立良好的合作夥伴，以服務社會而不是掠奪財富的心來做企業。這樣做的時候，得到的支援才會更多，所謂「得道多助，失道寡助」。有了助力善緣，成功機率自然會更多。

至於現實價值和長遠價值，兩者並不是截然對立的。只要用心正確，方法得當，完全可以在得到現實價值的同時，成就長遠價值。我們強調的，要在看清什麼是長遠價值的前提下追求現實價值。如果只見眼前，就可能因小失大。

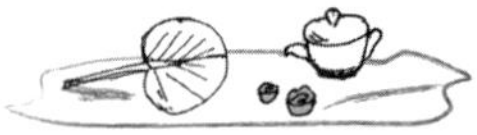

## 怎麼把企業格局做大

**問：**做企業和心的格局有關，那怎麼才能把企業做大？

**濟群法師：**首先要問問自己：爲什麼要把企業做大？是覺得超過別人有面子，顯得自己更優秀，還是爲了利益更多的人？兩種定位截然不同。如果爲了面子做，爲了成就自我的重要感、優越感、主宰欲，那是非常辛苦的。所以要正確發心，希望透過事業來提升自我，同時利益大眾、服務社會。當你這樣想的時候，才能得到大家的認可和支持。

有了正確發心，還需要先進的管理機制，否則還是做不大的。比如去中心化，就是充分發揮大家的積極性和參與度，把企業目標變成所有員工自己的事，而不只是幾個管理層的事。同時還要建設數位化、模式化、標準化的管理機制，使每個人都能在不同崗位發揮作用。

## 把佛法智慧帶入企業

**問：**我是從事學齡前教育工作的，已走入三級修學，自己正在改變過程中，也意識到生命品質教育的重要性，但還不能對員工產生影響。怎麼才能把佛法善巧地植入企業管理中？

**濟群法師：**佛法如何運用到企業中，有一系列的相關問題。首先要建立統一的信念，可以透過讀書會、講座等方式，在企業形成文化氛圍。尤其是當企業大了，如果沒有文化做爲思想基礎，大家想的都是利益，管理起來會比較辛苦。其次是有利他心和公益精神，包括對員工的責任心，對社會的愛心。如果員工能在這裡得到關愛，覺得很溫暖，就會對企業有感情，也有集體榮譽感，你說什麼他們才願意聽，才能有效地影響他們。此外，要在企業營造禪意空間，適當增加茶道、花道、生活美學的內容，讓大家喜歡這個工作環境，而不是爲了賺錢不得不來。做到這幾方面，從環境到人的精神面貌都會改觀，才能進一步將他們導向佛法。

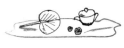

## 慈悲利他是否應該有度

**問：**佛教講慈悲爲懷，有沒有一個度？我爲了幫助好友借錢給他，但後來他說破產就不還了。他不光欠我的錢，也欠別人的錢。對那些用極端手段要帳的人，他會先還，但對我們這種有慈悲心的，就一分也不打算還了。對這樣的人應該慈悲嗎？

**濟群法師：**佛教不僅講慈悲，還講智慧。「慈悲生禍害，方便出下流」就是告訴我們，沒有智慧的慈悲會帶來禍害，沒有原則的遷就會招感違緣，最後害人害己。所以幫助他人要有智慧。

至於度的問題，從慈悲心的修行來說，必須不斷強化並圓滿，可以說是無止境的。但在事相上要具體分析，知道怎麼做對他才是有利的，才是眞正的慈悲，並不是做得越多就越好，有時不做什麼也可以是慈悲。比如不少人會糾結，遇到乞丐要不要給錢？如果對方是假的怎麼辦？其實，關鍵在於你怎麼想。如果你覺得他的目的就是要錢，你只是在幫助他，那麼給錢就是慈悲。如果你覺得給錢會縱容他，使他永遠依賴這種方式賺錢，不願自食其力，那麼不給也是慈悲。至於朋友借錢的事，同樣涉及很多問題：是單純的幫助，還是帶有其他性質的借貸？有沒有考慮風險和回報，有沒有規避風險的約定？借出時有沒有超出自己的能力，會不會影響自己的生活和工作？先把世間法層面的問題想清楚，再考慮慈悲的度，不要混爲一談。

## 緣分取決於心行

**問：**佛法說，人和人的相遇都是有緣分的。爲什麼有些人因爲緣分相遇，結婚生子後又離了婚？怎麼理解這種緣分？

**濟群法師：**首先，緣分是有深淺的；其次，緣分需要不斷滋養，否則就無法維繫。兩個人走到一起生活，觀念和習慣都會有差異，如果不能彼此尊重，從對方的角度思考問題，就會矛盾重重。時間長了，緣分也會消耗殆盡。曾經有位韓國出家人寫了《好婚姻，靠修行》一書，影響甚廣。可見，好的婚姻和家庭都需要透過修行來經營，而不是靠運氣。

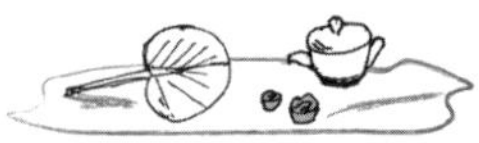

我們有不少學員回饋說，參加修學前經常和家人吵架。因爲每個人都是站在自己的角度考慮，有問題都是別人不對，自己永遠是對的。這樣的家庭就會經常發生衝突。但學佛後，體驗問題首先檢討自身不足，發現並讚歎對方的長處。當你這樣做的時候，對方也會受到影響，開始自我檢討。緣分不是一成不變的，如果我們不創造善緣，緣分就得不到滋養，破壞善緣的因素也會越來越多，最終分崩離析。反之，如果我們不斷創造善緣，就能使緣分不斷增上，從今生延續至未來。

很多人相信算命，認爲一切都是前定。而佛法說的是因緣因果，如果因緣改變，結果也會隨之改變。所以命運來自業力，業力來自行爲，行爲來自心理，心理來自認識。反過來說，認識決定你的心理、行爲、業力，並最終決定你的命運。當認識和行爲改變了，緣分和命運也就改變了。

## 如何打開心量

問：我祖輩在農村，節約慣了，雖然現在生活水準好了，但做事時總是度量有點小，捨不得給予，怎麼讓自己大度一點？

**濟群法師：**首先要有同理心，能對別人的苦樂感同身受，然後才願意給予他人幫助。儒家說四海之內皆兄弟，佛教說眾生在無盡輪迴中曾是親人，和自己是一體的，都是教導我們從更高的角度，重新看待自己和眾生的關係。慈悲心的前提，就是覺得對方和我有關，才願意進一步接納並幫助他們。

其次可以多看看天。在佛法看來，心的本質就是宇宙的本質。宇宙有多大，我們的心也有多大。只是因爲我執，才會把心封閉在概念、情緒的牢籠中，整天關注各種瑣事。所以要多看看天，建立無限的所緣，再來看自己的心，會發現心像虛空一樣是無限的。這也是打開心量的很好方式。

## 如何看待死亡

**問：**昨天得知合作夥伴加班猝死了，才三十多歲，前一週也聽到類似的消息。我的生活狀態和他很像，經常加班，而且從小就害怕死亡，到底應該如何看待這個問題？

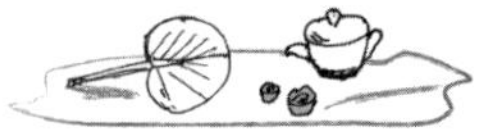

**濟群法師：**對於死亡，人們通常有兩種極端，或是毫不關心，覺得和自己無關；或是陷入焦慮，不知未來會怎樣，不知怎麼面對終將到來的那一天。尤其是老年人，普遍面臨精神生活、臨終關懷、死亡歸宿三大問題。年輕時事業幹得熱火朝天，沒精力關注精神需要，也從來沒有爲此做好準備。一旦退休，根本不知道怎麼打發日子，生命一天天地黯淡。

印度婆羅門一生有四個階段，從求學、成家立業到入山修道、遊化四方，前半生關注現世生活，後半生關注信仰生活。因爲生死是每個人必須面對的永恆話題，如果只關注現在，不爲死亡做任何準備，一旦無常來臨，就會茫然無措。透過學佛，不僅能豐富精神生活，找到人生目標，活得有方向、有意義，更能對死亡有正確認識，知道未來要去哪裡，又該爲此付出什麼努力。

## 儒釋道的文化交融

**問：**法師講到中國傳統文化，從諸子百家到近代中西方文化，特別談到儒釋道的結合，三者有不同側重嗎？

**濟群法師：**兩千多年來，儒釋道三足鼎立，共同構成了中國傳統文化的框架。其中，儒家文化立足現實人生，重視倫理綱常，在道德建設和治理社會等方面占有主導地位。道家文化效法自然，提倡無爲而治，對如何爲人處世提供了另一個思路。而佛教從心性入手，強調心的主導作用，認爲「心淨則國土淨」。關於這三種文化，有人說「儒是皮，道是骨，佛是心」，或者說「以儒治世，以道養身，以佛修心」，從一定程度上反映了它們的不同特點。如果善於學習，可以起到相輔相成的作用。但從究竟而言，佛法對心性的認識和體證是最圓滿的，也是治世、修身的根本所在。

# 9
# 解鎖人生從學佛開始

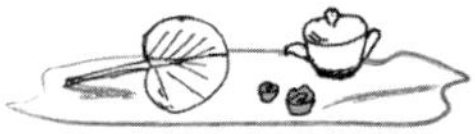

二〇一九年九月，濟群法師在蘇州西園寺，爲前來參學的企業家們開講「大乘佛法與企業家的精神建設」，並在講座後答疑解惑。本文根據現場錄音整理。

## 道德的回報

**問：**在有些國家，企業的誠信和公德心是被獎勵的，但中國還沒有相對公允的獎勵體系鼓勵大家行善。在這樣的環境下，什麼系統應該承擔這一責任？怎麼看待在合作中遵循道德不被信任、反而吃虧的現象？

**濟群法師：**從究竟而言，行善的回報並不是依靠某個社會系統，而是來自生命內在。當我們認識到道德的價值，努力踐行，生命品質將隨之提升。這本身就是最好的獎勵，而且是最公平的。因爲這個結果完全由你的發心和行爲所決定，不是由外在機構做出裁決，不存在厚此薄彼的現象。

至於遵循道德後看不到立竿見影的回報，得不到信任，反而被懷疑，甚至因此吃虧，往往是我們做得還不夠。尤其在當前社會環境下，人與人之間缺乏基本信任，如果對方不瞭解你，未必理解你的道德行為，甚至會提防你別有用心。這是社會的共業所致，是有特定背景的。但長期交往之後，對方發現你確實有誠信、講道德，一定會轉變認識的。想一想，我們希望自己的朋友有誠信還是沒誠信？有道德還是沒道德？事實上，別人對我們有同樣的期待。物以類聚，人以群分，只有遵循道德，我們才能找到有誠意、講信用的合作夥伴。所以說，一個人從踐行道德到產生效應是有過程的，需要時間的累積，不必在意一時得失。

## 大小乘和社會發展

**問**：以前我曾疑惑，覺得佛教過於出世，把所有看淡放下，是否會失去進取心？聽到您介紹的大小乘不同定位，希望對此有更多瞭解。我想，從鼓勵進取心及促進社會發展的角度，是不是要側重宣揚大乘思想？

**濟群法師**：乘的概念就是車。大乘是大車，發願引領眾生共同覺醒。就像有的企業家希望帶著大家一起致富，過上幸福生活。小乘是小車，重點是自己解脫，沒有把

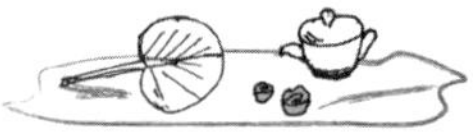

救度眾生做爲不可推卸的責任。

在修行上，大乘側重開顯，小乘側重否定。人性包含佛性和魔性，大乘修行是認識到眾生本具佛性，可以由利他圓滿悲智二德，最終成就佛果。就像現在的積極心理學，重在開發內心的正能量，增強良性心理，以此解決煩惱。從治病思路來說，是以提高自身免疫力來抵抗疾病。而小乘重視無常、無我、空等法義，都屬於否定的表達，以此破除我們的錯誤認識。此外，解脫是超越輪迴，涅槃是平息煩惱，從某種意義上也屬於否定。在發心方面，小乘發出離心，側重出世。大乘發菩提心，以出世心做入世事，與社會生活和大眾的結合更爲緊密。

## 弘法會有經濟壓力嗎

**問：**我在其他寺院做過義工，他們有門票等盈利模式，跨年撞鐘也要三五百元，但西園寺幾乎沒有商業氛圍，我們來參加活動都是免費的。面對這麼大的群體，您有經濟壓力嗎？

**濟群法師：**開展弘法活動，包括道場建設等，我從來沒考慮過做這些要花多少錢，錢從哪裡來？我覺得，只要發心為大家服務，大家也確實能從中受益，其他都不是問題，結果就眞的不是問題。因為這是大家的事，自然會有人共同成就。我考慮的只是，怎麼以契合時代的方式解讀佛法，讓這一智慧利益更多眾生。

## 佛像可以放回寺院嗎

**問：**我十年前旅遊時路過一座寺院，被那裡的師父強勸後請了佛像，說不請就對家人不利。但我家中沒有獨立的供奉空間，只能擺在書架上，偶爾擦擦灰。今年經朋友引薦，我又把佛像放到了寺院。這種舉動會不會不敬？會有什麼不良後果嗎？

**濟群法師：**佛菩薩不會那麼小氣，否則就不是佛菩薩了。此外，你請佛像的過程是有問題的。以前有些寺院被承包，也有偽劣假冒的出家人，才會有強賣之舉，如法的寺院絕不會那麼做。請佛像，必須是佛弟子出於信仰，覺得要以佛菩薩造像做為生命樣板和禮敬對象，在家中營造莊嚴清淨的氛圍，然後恭恭敬敬地請來供

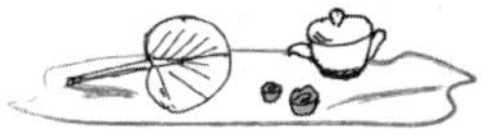

奉，而不是被迫爲之。如果你覺得不合適，把佛像請回寺院也很正常，不必有心理負擔。

## 素食者怎麼應對被招待

**問：**我經常去內蒙出差，朋友招待時一定會上羊肉，如果我非要吃素的話，場面就很尷尬。這種情況下該怎麼辦？

**濟群法師：**正常情況下是有什麼就吃什麼。佛教重視的是不殺生，只要不是自己親自去殺、沒看到它被殺、也不是專門爲你殺，就屬於可以吃的三淨肉。如果特別爲招待你而現殺的，那就不能吃。

吃素並不是學佛的必須條件，還要看每個人的因緣，看你的信仰是否到這個份上。如果你已經認識到吃眾生肉不好，決定吃素，可以和對方善巧溝通。一般來說，大家會尊重你的信仰。現在的飲食習慣已經多元化，因爲各種原因吃素的人越來越多，這種選擇是可以得到理解，也應該得到尊重的。

## 家庭與事業的平衡

**問：**我做財富管理的工作，但身爲女性，也想多花時間關注家庭，應該怎麼平衡家庭和事業的關係？

**濟群法師：**家庭和事業都是人生的組成部分。不少人對人生問題認識不足，不知道究竟什麼最重要，也不知道自己究竟要什麼，就會偏執一端，把事業的成功當作人生的成功。結果不僅影響家庭，甚至會影響身心健康、生活品質和爲人處世。所以不少人在事業成功後，卻發現人生漏洞百出，痛苦不堪。

所以我們既要重視職業規劃，更要重視人生規劃，確定家庭和事業在人生各占多少比重。定位清楚了，就知道應該在工作上花多少時間，在家庭陪伴、兒女教育上花多少時間。最重要的是，在自己的生命提升上花多少時間。有了規劃，就可以根據主次做出取捨。每個人的時間都是一樣的，關鍵是合理分配，才能取得平衡。

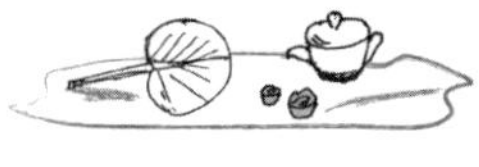

## 如何面對貪瞋癡

**問：**人因爲貪瞋癡才會痛苦，那我們這些凡夫俗子如何面對貪瞋癡？

**濟群法師：**首先要認識到自己內心有貪瞋癡，知道這三種病毒會造成巨大危害，而不是聽之任之。其次要接受生命的不完美，但不因此焦躁，否則會增加不必要的痛苦。第三要尋找根治三毒的方法。你們來這裡參加活動就代表了治療的意願，加入三級修學後，才正式進入治療系統。

## 依止必須從一而終嗎

**問：**三年前，我因爲一位老師的引導接觸禪修，對佛教有了新的認知，並發願追隨這位老師。但在追隨過程中，發現老師有言行不一的情況，有些追隨者因此選擇離開。我知道人無完人，老師也要不斷修行和進步，感覺離開是一種背叛，有悖當時發下的願。怎麼解決這種糾結？

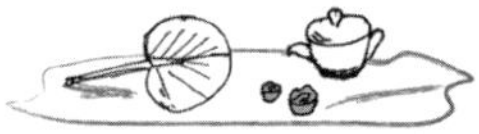

**濟群法師**：首先要看你的追隨是盲目還是智慧的。如果是盲目的追隨，遲早會出現問題，可能是老師的問題，也可能是你自己的問題。如果經過智慧抉擇，很清楚自己要什麼，也清楚這些可以在老師這裡得到，即使老師本身有些不完美，但並不影響學習，那就沒關係。

至於你原來打算追隨，現在放棄是否背叛誓言，我覺得這不是什麼問題，不必上綱上線，否則是自討苦吃。因爲人的認識在不斷提升，不管做事也好，追隨老師也好，雙方的因緣都在變化，要審時度勢並做出調整。所以關鍵不在於是否背叛，而在於是否適合繼續學習。

## 願力不是壓力

**問**：我是第二次來西園寺。第一次午齋時，我懷著歡喜心和感恩心。昨天午齋時，我看著碗裡米飯，突然就想落淚，請問這悲從何來？第二個問題，我來自農村，回老家時發現，兒時經常洗澡的河變成了小水溝。我就想，能不能讓水溝重新變成大河。原來只是一個想法，現在可能有機緣去實現，但還不確定。如果不能完成，這種願力會不會變成壓力？

**濟群法師：**第一個問題，悲從中來的現象並不少見。很多人到了寺院，在特定氣場下會有一種感動。除了環境因素，你最好問問自己：這個悲到底從哪裡冒出來的？如果能去尋找心的源頭，會更有意思，認識也會更深入。因爲別人給你的答案是外在的，關鍵是自己以此爲契機，一路追尋下去。

第二個問題，你有這份利他願心，希望爲社會盡一份力量，值得隨喜。當然也要評估自己的能力，或是聯合更多力量一起做。只要當前因緣下覺得可以做，就朝這個方向努力。至於結果怎樣，不必想得太多。如果因爲社會、政策等因素使你沒法做到，或是自身財力不夠，都是另一回事，不算違背願心，也不必因此背負壓力。世事無常，地球最終都要毀滅，做任何事只能在因上努力。

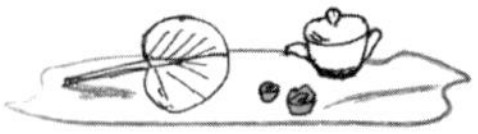

## 如何建立佛化企業

**問：**曾經聽到法師在宣導佛化企業，不知是否有具體的落實方法？

**濟群法師：**企業是社會的重要組成部分。一個企業能否爲員工帶來幸福感，能否爲大眾製造放心的產品，能否爲社會承擔應盡的責任，關係到千千萬萬的人。所以我們很希望和大家共同探討，如何運用佛法智慧，助力企業家的精神建設，全方位地打造佛化企業。具體來說，就是幸福的企業、利他的企業、禪意的企業。圍繞這幾點，我陸續做了不少講座，從如何營造氛圍，到建立高尚信念、企業文化及優化管理等方面，也有一些想法，但尚未形成系統。未來還需要進一步完善，更需要企業家們共同參與，因爲你們才是具體的實踐者，相信也會成爲受益者。

# 10
# 以正見把握人生

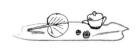

二〇一九年三月，蘇州西園舉辦企業家靜修營，期間安排了一場濟群法師與嘉賓的對話。本文根據現場錄音整理。

## 學佛後的職業選擇

**嘉賓：**二〇一四年時，我的企業做得很好，由於欲望膨脹，就想繼續往上，但接著投資失敗，所貸的兩千萬差不多都流失了。我是做餐飲的，二十多年積累的家當幾乎傷筋動骨，內心很難承受，每天都在糾結和瞋恨中，甚至想用極端的方式解決問題。因爲我感覺自己是好人，上天不該對我這麼不公。當時有位朋友帶我走進了國學班，七天的課程，使我的人生和心態發生翻天覆地的變化，明白要學會接受。

此前我很傲慢，農村孩子透過自身努力取得成功，走進人民大會堂，受到黨和國家領導人的接見，就不知自己幾斤幾兩了，對身邊的親人朋友，包括患難與共的夫人都不放在眼裡。現在我一直在懺悔，也想透過這段經歷警示在座的企業家，要欣然接受人生的酸甜苦辣。

這兩天的課程，我感覺是對心靈的進一步淨化。只有去掉我們的強勢、傲慢，讓親友和員工真正看到自己的改變，家庭才會和諧，企業才會改變。同時還要在擁有之後學會給予，一是經濟上的給予，一是像法師那樣，給予精神上的無形價值。那麼就會像同頻共振那樣，使身邊的正能量越來越多。

我的問題是，從事餐飲行業二十多年，很多人勸我放下，因爲涉及殺生。但現在企業的效益很好，全國有一千多個夥伴，也養了幾萬名員工。我就很糾結，既捨不得放，也不敢面對這個問題，還請法師開示。

**濟群法師**：這種問題很不好回答，不是問題本身有難度，而是有點不忍心說。在社會上經營一份事業，把它從無到有地做起來，確實很辛苦。對很多人來說，這是自己長期以來的經歷和價值所在，其中還包含社會責任。既然你在糾結，說明自己也知道問題所在。

從法律層面，餐飲行業是合法的，同時也代表社會的需要，只要誠信經營、不傷

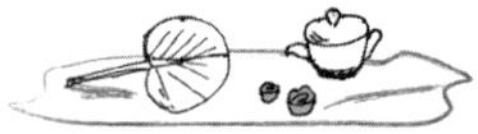

害他人即可。至於食材，除了國家保護動物，其他的也沒關係。但做爲學佛者，對職業的道德性會有更高要求。從眾生平等的角度，我們不僅要對保護動物慈悲，還要對一切動物慈悲。因爲每個生命都貪生怕死，這點是相同的。

餐飲行業涉及殺生，可以說，其生存是建立在傷害生命的基礎上。即使能獲得眼前利益，但同時會造下很多殺業。對於認眞學佛的人，這種職業顯然是不可取的，需要加以調整，所以不少人學佛後轉行開素菜館。當然這有難度，現在很多人肉還沒吃夠，對素食也存在誤解，市場還不太成熟。不過這個行業是有前景的，港臺地區就有很多素菜館，國內的大城市也開始以吃素爲時尚。究竟是放下還是轉行，關鍵看你的決心，看什麼對你更重要。

## 在輪迴中把握方向

**嘉賓：**很珍惜分享的機會。本來我還覺得自己是個企業家，是個高管，參加兩天的活動後，從內心對這個身份認同有點牴觸，感覺這可能代表一種執著，可能在學佛時比常人面對更多障礙。佛法有個基本概念是六道輪迴，那麼眾生最初是怎麼進入輪迴的？輪迴的主體是什麼？我覺得，這些基本概念可以幫助我逐步放下對自我的執著。

**濟群法師**：這是現代人普遍感到困惑的問題。因為我們接受的是人死如燈滅的教育，相信眼見為實，對凡是看不見的都持懷疑態度。其實，六道輪迴不僅是佛教思想，也是印度文化普遍認同的。包括中國古代乃至古希臘的文化中，也多少帶有輪迴的觀念，如人死為鬼等。只是不像佛教那樣，對生命如何延續提供了系統的哲學理論。

說到輪迴，人們都會關心它的開始，進一步，又會延伸到宇宙何時開始（時間）、有沒有邊際（空間）等問題。這也是現代科學不斷探索的。人類在認識宇宙的過程中，從地心說到日心說，再到現在所認為的，宇宙出現於一百三十億年前的大爆炸，不斷有新的拓展。但爆炸之前是什麼？目前仍是不可追溯的。而在佛教看來，法界是無限的存在，無內外，無始終，只是強立名為法界而已。

生命也是同樣。可以說，輪迴既沒有開始，也沒有結束。只要沒有解脫，就會在無明推動下不斷重複。因爲無明，我們看不清生命和世界的眞相，從而製造種種煩惱，產生種種行爲。這些行爲又會進一步演變爲習慣、心態、人格。每個生命對世界有不同的思考和行爲，形成不同的積累。這些累積又會造就了不同的生命型態。

現代人很難接受三世輪迴，所以我更多是說心靈的因果和輪迴。比如做企業的人，每天想著怎麼把企業做好，然後付諸行動，帶來相應結果。進一步，又會執著這個結果，想著怎麼把它做得更好，如此不斷重複。搞藝術的人，在藝術的追求和執著中輪迴；做學術的人，在學術的追求和執著中輪迴。可以說，每個人都有自己的輪迴模式。從本質而言，輪迴是一種心理模式，一旦落入這個模式，就會被慣性驅動，由需求產生想法、行爲和結果，並在這樣的心理模式中看世界，周而復始。又因爲貪著結果，就會擔心它出現變化，產生焦慮、恐懼、沒有安全感。

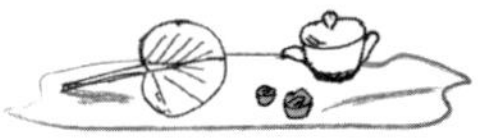

所謂三世輪迴，就是把這種心理模式延伸到過去和未來。我們來到世界時並不是一張白紙，人爲什麼有天賦？是代表過去生命的經驗。因爲不同的積累，所以今生的興趣愛好、先天稟賦各不相同。佛教認爲生命有兩套系統，一是父母給予的色身，一是自身的精神積累。由過去的觀念和行爲決定我們現在的存在，又由現在的觀念和行爲決定未來的存在。這就是輪迴的原理。

佛教不講靈魂，因爲靈魂是固化的，而生命延續是流動變化的。正因爲它是流動變化的，所以我們可以優化生命，超越輪迴。但如果沒有正確觀念指引，就會每況愈下。佛經說有四種人，一種是從光明走向光明，一種是從黑暗走向光明，一種是從光明走向黑暗，還有一種是從黑暗走向黑暗。走向哪裡？取決於是否有智慧，否則永遠是身處黑暗。哪怕曾經有一點善根，但把握不住，又會回到黑暗中，長劫沉淪。

## 因材施教加以引導

**嘉賓：**我曾帶著兒子，因爲長江徒步挑戰賽和您見過面。兒子當時問您，怎樣才能自律？您讓他學會「戒」。他回去後，就把電腦和手機都交給我管理了。我兒子非常聰明，是四十五屆奧林匹克物理競賽的世界金獎，現在在麻省理工。我很希望他能接觸佛法，帶他進了很多寺院，也給了他很多書籍。但我對他談佛法，他就談科學；我說西方極樂世界，他說那是外星球；我說有心電感應，他說那是量子糾纏。反正怎麼都說不進。我自己學佛後切實感受到，這是再好不過的出路，但如何才能讓這種高智商的年輕人接受佛法？

**濟群法師：**你們之間的說法並不矛盾，只是缺少良好的溝通方式，表現出來就是雞同鴨講。所以你要根據年輕人的語境來交流。比如怎麼理解量子糾纏？兩個量子在無限遠的距離可以發生聯繫，內在原理是什麼？單純從物理學來看，連愛因斯坦都無法理解，認爲是「鬼魅般的超距作用」。但從佛法來說就很簡單，因爲「一

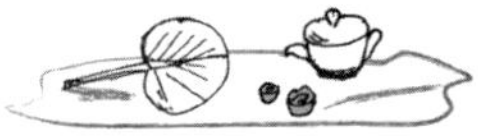

即一切」——法界是一體的，宇宙在本質上是一體的。既然是一體的，本身就有內在連接，不論相距多遠，其實還是相連的，只是有不同表現而已。至於極樂世界在哪裡，是不是外星球，也不必急於下定論。

現代科學否定了曾經的地心說和日心說，但至今仍在不斷拓展認識，並認爲宇宙中的可見物質不到百分之五。僅僅這一部分，我們目前還不能完整認識。科學是從現象來認識世界，這種探索每推進一點，都會發現更爲巨大的未知，所以不要輕易用現有認知來解讀一切，而要以開放的心學習。總之，你要選擇適合他的溝通方式，善巧地加以引導。

## 佛菩薩爲何度衆生

**嘉賓：**學了一些佛經，有時似乎想明白了，有時還是不明白。之前，我感覺自己慢心很重，但學佛後感覺自己很陋劣。那佛菩薩爲什麼要救我們？我們和佛菩薩有什麼關係？

**濟群法師**：佛菩薩爲什麼要救我們？因爲佛菩薩已經證悟到，法界一切眾生，乃至天地萬物，在本質上是一體的。什麼是一體？就像你身上癢了，手就會去抓。這是自然反應，不會考慮我爲什麼要去抓，這麼做有什麼好處。

凡夫因爲迷失覺性而有種種迷惑，不知道什麼代表自我，也不知道如何認識自我。我們都想獲得幸福，但既沒有智慧，也缺少方法，反而給人生帶來種種不如意。因爲對自我的狹隘設定和執著，我們把自己和他人割裂開來，和世界割裂開來。這種割裂其實是人爲造成的。就像世界上有一百多個國家，這些差別也是人爲的。只有去除我執，才能眞正實現人類命運共同體，否則就會有割裂，有對立，有貪瞋。所謂貪，是對認定爲我的部分，想要牢牢抓住；所謂瞋，是對非我的部分，產生對立、牴觸和排斥。而佛菩薩已徹底去除自他界限，對眾生的一切痛苦感同身受，不分你我。只要眾生需要，佛菩薩就會聞聲救苦。

**主持人**：佛菩薩爲什麼要救度眾生？因爲眾生本來就是一體的。久遠以來，從佛陀出世到歷代祖師大德的薪火相傳，他們從來沒有放棄我們。每一次的因緣彙聚，我

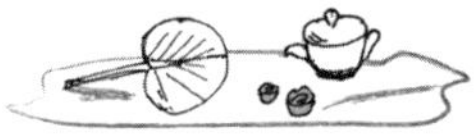

們都是在這樣的同體大悲中，享受這份慈悲和智慧。在爲期兩天的企業家靜修營將要結束之時，我們祈請法師做最後的結營開示。

## 結營開示

**濟群法師**：大家的善緣很好。因爲報名者很多，能被錄取，是多生累劫的福德因緣。這兩天的學習和禪修，對大家來說應該是不一樣的體驗。我們從以往的關心生存和生活，到現在重視生命問題，不僅認識得到提升，心靈也會得到滋養，學到了如何觀心和調心。

生命問題是每個人應該關心的，但對於人生永恆的困惑，單靠自己很難想清楚。不必說普通人，即使對哲學家都不容易。因爲以我們有限的認識和思考，無法解決無限的問題。而佛法是佛陀透過修行親證的宇宙眞理，也是人生的大智慧，對這些問題有著圓滿的解答。雖然你們透過兩天學習有了一點收穫，但想保持這種狀態，還要繼續努力。因爲生命是無盡的累積，當我們想要改變固有觀念和串習時，會引起強烈的牴觸和反彈，所謂江山易改本性難移。雖然有難度，但這是必須做的。因爲我們在世間擁有的一切都是身外之物，只有改造生命，造就更美好的自己，才具有盡未來際的價值，所以這種學習至關重要。

大家做企業，不管做得大還是做得小，做得成功還是失敗，都會投入很多精力。現在我們要實現生命永恆的福祉，沒有正確的態度和方法，不投入精力，也是做不到的。對於學佛來說，不僅要有方法和引導，還要有良好的氛圍。我們這兩天學了怎麼吃飯，怎麼走路，怎麼在行住坐臥中用心。在道場的大氛圍中，心容易安靜、專注、保持覺察，回到社會之後，沒有氛圍的提醒，如何把正念帶入生活，使所學佛法智慧成爲我們的世界觀、人生觀、價值觀，成爲主導生命的力量，成爲解脫煩惱的武器，要下的功夫還很多。包括這兩天的講座，雖然大家聽得很歡喜，但多半是在似懂非懂的狀態。眞正把它徹底聽懂、領悟並完全接受，需要進一步學習。

科技的飛速發展，使未來世界只有一點是確定的——那就是不確定。在這種大環

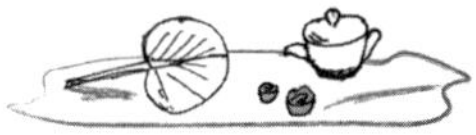

境下，人越來越找不到自己。與之對應的，則是掌握的工具越來越發達。從核武器到人工智慧、基因工程，如果這些工具不能得到合理使用，世界將面臨越來越多的潛在危險。所以我們要致力於對自身的認識和提升，否則就越來越不容易幸福。佛法智慧正是幫助我們找回自己、認識自己、提升自己，這樣才能健康、平安、幸福，否則很難說未來能過得怎樣。我們希望，三級修學能爲大家提供更多的服務。

# 11

# 觀自在、有爲法及其他

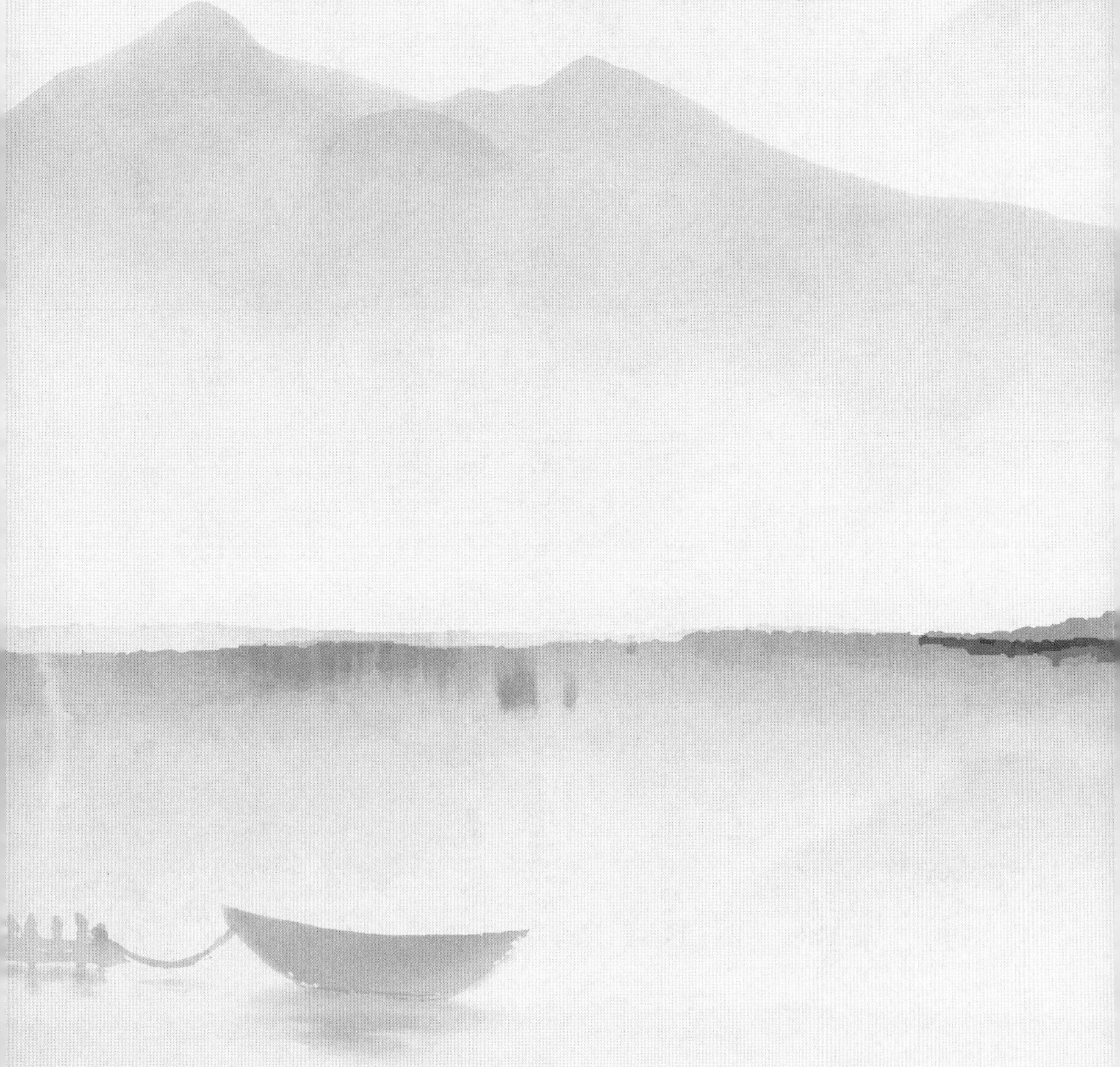

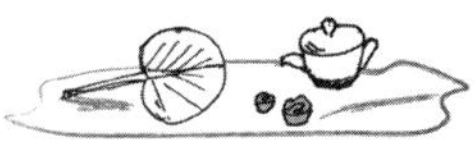

二〇一八年五月，濟群法師應邀與部分中歐力（編按：中歐中國CEO領導力課程）CEO學員相聚，並爲他們答疑解惑。本文根據錄音整理。

## 觀自在菩薩觀什麼

**問：**《心經》第一句「觀自在菩薩行深般若波羅蜜多時」，有什麼內涵？

**濟群法師：**「觀自在菩薩行深般若波羅蜜多時」，是闡述《心經》的修行及本經所解決的問題。觀自在菩薩，就是我們熟悉的觀世音菩薩，前者是玄奘三藏翻譯的，後者是鳩摩羅什翻譯的。

觀自在，這個名字意義重大。觀，是一種禪修，也是我們內心的觀照智慧。禪修包括止和觀兩方面。所謂止，就是訓練專注，培養定力；所謂觀，就是由定力生起的觀慧。就像水在渾濁、動盪時，根本看不清其中有些什麼。只有當水逐漸靜止，泥巴等雜質沉澱下去，才能把一切看得清清楚楚。

心也是同樣。如果對念頭缺乏觀照，就會在不知不覺中陷入情緒。透過觀照，紛飛的念頭才能逐漸平息，不再產生干擾。當內心沒有煩惱和負面情緒時，生命就自在了。這種自在是由觀照獲得的，所以叫觀自在。

「行深般若波羅蜜多時」，是闡述觀自在菩薩的修行過程。行深般若，就是契入甚深智慧。以這種智慧看世界，當下就能「照見五蘊皆空」，看到一切都是條件關係的假相，看到萬物乃至宇宙的本質就是空性，就有能力擺脫所有的痛苦和災難，「度一切苦厄」。《心經》的修行要領，盡在其中。

## 有爲法的六個特徵

**問：**怎麼理解《金剛經》的「一切有爲法，如夢幻泡影，如露亦如電，應作如是觀」？

**濟群法師：**所謂有爲法，是與無爲法（空性）相對的，屬於現象層面，由各種條件決定它的存在，包括心理和物理現象，也包括我們看到乃至看不到的一切。它們到底是什麼樣的存在？《金剛經》用六個比喻告訴我們：

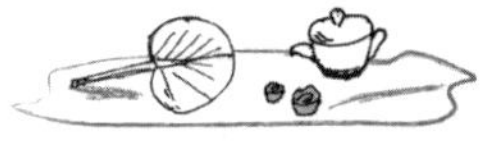

一是如夢，往昔發生的一切就像夢境一樣。我們想想自己的過去，再想想曾經做過的夢，兩者有什麼本質區別？所以佛教認爲，人生不過是一場大夢而已。

二是如幻，這是古印度的一種幻術，類似魔術。幻師可以變化出種種事物，看起來很眞切，但都是變現的，並非眞實不變的存在。

三是如泡，就像水泡一樣，隨時都會破滅。佛教認爲一切都是無常的，如果對世間抱有永恆的期待，就無法接受事物的改變和消亡，給自己帶來無謂的痛苦。

四是如影，就像影像一樣。佛法認爲，我們看到的世界只是呈現在內心的影像，並非固定不變的存在。現代科學也證明了這一點。比如最近有個科技產品，盲人可以透過某種特殊眼鏡搜集外部資訊，再將畫面轉換成信號傳輸到大腦，形成三維影像。

五是如露，就像露水一樣，日光出現就消失了。這是說明其存在的短暫。

六是如電，就像空中的閃電，只是刹那間的顯現，無法久住。

這些比喻都是說明世界的無常和虛幻。人生幾十年似乎挺長，但相對宇宙的時空來說，不過是短短一瞬。看到世間的無常和短暫，是讓我們放下對輪迴盛事的執著，否則只是徒增煩惱。同時還要珍惜人身，努力修行，否則時光一去不返，就悔之晚矣了。

## 好人有好報嗎

**問：**魯迅小說《祝福》中的祥林嫂，是人畜無害的中國傳統女性，結果卻失去孩子，還被他人唾棄，最後她把所有錢捐到寺院做門檻，要修來世。生活中，也有很多好人遭受不公平待遇，如何看待這種現象？

**濟群法師：**確實能舉出不少例子來說明好人沒好報。這主要是因爲我們對好人有較多期待，覺得他們應該有好的結果，一旦看到和想像不符的，就覺得天道不公，並把這個現象擴大化，將此看作一種常態。關於這個問題，應該從大資料來看，而不僅僅是根據個別事例和自我感覺下結論。

好人到底有沒有好報？有人說，「大家都不講誠信，你講誠信就是傻瓜」「大家

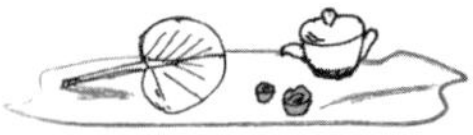

都沒利他心，你去利他就是傻瓜」，是這樣嗎？如果我們做個調研：你希望自己的朋友有誠信還是沒誠信？有利他心還是沒有利他心？相信大家都希望自己的朋友是誠信、利他的。事實上，這樣的人也能得到社會認可。在相同能力和背景的情況下，如果你多了誠信和利他心，通常會比別人更容易成功。反之，那些不講誠信、自私自利的人，即使偶有所得，也是難以維繫的。

從另一方面來說，我們對好人的判斷往往是片面的，是出於自己的感覺。但人是多方面的，生命的因果更是錯綜複雜，善惡業不能相互替代，並不是具有某種優點或做了某件好事，就會在各方面得到回報。更何況，佛教的因果觀是貫穿三世的。所以對由業感果的觀察不僅要全面，更要長遠。

## 學佛的訴求和選擇

**問：**對於剛接觸佛法的人，是念好一本經好，還是多看點書好？

**濟群法師：**怎麼學佛，確實是一件大事。佛法博大精深，法門眾多，尤其在今天，網上的相關資料鋪天蓋地，讓人無所適從。但修學不是單純地念個經，或是隨意地看點什麼，做點什麼。應該怎麼開始？還要看你的目標和訴求。

如果只想今生過得幸福，可以學點人生佛教，看看《心靈創造幸福》《佛教的財富觀》等小叢書，建立正確的三觀。然後念念《金剛經》《心經》，擁有相對超然的心態，對名利不要太執著，同時多些愛心，寬厚待人。做到這些，對人生會很有幫助。

如果不滿足於此，想透過學佛斷除煩惱，進而走出迷惑，走向覺醒，達到更高的生命境界，就要系統學習。修行是一條道路，由很多站點連接起來，其中第一步怎麼走，第二、第三、第四步怎麼走，必須有清晰的次第。就像上學那樣，從小學、中學到大學，是循序漸進的。此外還要有氛圍，有一群夥伴共同成長。就像企業家有俱樂部，經常在一起切磋。修行也是同樣，需要透過交流互相增上。我們現在提供的三級修學課程，就是引導大家有次第地修學佛法，同時提供一套行之有效的學習方法。

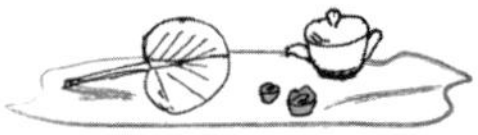

# 證悟和根機

**問：**在漢傳佛教中，眾生成佛需要三大阿僧祇劫，也有的傳承說一世即可成佛，爲什麼有那麼大的差別？既然有捷徑，爲什麼還要慢慢地修？

**濟群法師：**抵達修行目標，確實有不同途徑。從漢傳佛教來說，也有頓教和漸修之分。但不論是禪宗「直指人心，見性成佛」的頓悟，還是藏傳所說的一生成辦，其功德和圓滿佛果是有差距的，只是在心性層面的證悟，不是說方方面面都像佛陀那麼圓滿。

雖然頓悟是修行捷徑，但對學人根機的要求很高，必須是上根利智，同時要有明眼善知識指點，才能在因緣成熟時，一超直入如來地。如果沒有這兩個條件，是學不上去的，反而容易成爲口頭禪。現代人塵垢深厚，且干擾眾多，所以我更提倡有次第的修學。有些方法雖然看起來慢一點，但只要你能上道，總是在不斷接近終點。反之，再快的方法，用不上還是原地踏步。

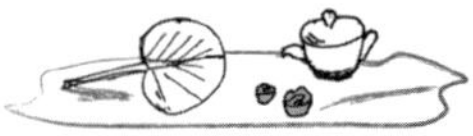

## 從自利到利他

**問：**我們剛出來創業時想法很簡單，就是多賺點錢，回老家有面子，滿足虛榮心。過了這個階段，感覺能做自己認可的事，也能幫到員工、客戶、投資人，進而利益社會，就是從爲自己，逐步開始爲別人，這算是修行嗎？

**濟群法師：**從爲自己到爲大家，是一個提升的過程。可能有兩種境界。一種是人天乘的善心，樂善好施，願意與人分享，這是多數人的境界。另一種是菩薩道的修行，一心想要幫助他人，不爲自己，只爲眾生，而且在做的過程中又能無我相、無人相、無眾生相、無壽者相，不增長自我的重要感、優越感、主宰欲，這就有一定難度了，需要不斷提升。

# 12

# 長沙答疑，坐而論道

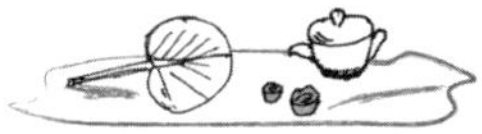

二〇一八年七月，濟群法師應顏愛民教授邀請，爲湖南長沙踐行國學基金會國學班學員開講「如何破解事業發展中的困惑」。本文根據講座後的問答整理。

## 佛法需要發展嗎

**問：**有人說中華文化之所以源遠流長，是得益於它的包容性，尊重事物的整體性和個性。我覺得，文化傳承應該是去其糟粕、取其精華的過程。比如西醫在進步，中醫在變化，包括我讀《弟子規》，老師也說有些內容不太適合現代，需要摒棄。這都說明文化在發展。但在佛教中，我沒聽說《金剛經》《法華經》之類出了續集，佛教就不需要發展嗎？

**濟群法師：**人類文明史上，先哲給我們留下了寶貴的智慧，但在傳承過程中，確實會出現陳規陋習甚至糟粕，需要加以鑒別。但這麼做主要是爲了正本清源，並不等同於發展。我們今天所說的發展，類似達爾文的進化論，即物種從低級向高級進化。從科學來說，確實經歷了這樣的發展。比如人類對世界的認知，從地心說到日心說，再到哈伯望遠鏡出現後發現的無盡宇宙，始終在不斷拓展和深化中。再如經典物理學到現代量子力學，對事物的認識也在不斷突破。

但在人文領域中，兩千多年前的軸心時代，各種文明中就出現了偉大的精神導師，除了印度的釋迦牟尼佛，還有中國的孔子、老莊，古希臘的蘇格拉底、柏拉圖……這些智者對生命和世界的認識，構成了源遠流長的文化傳統，影響至今。爲什麼這些思想始終未被超越？因爲他們是在道而非術的層面認識世界。道是直抵核心的，而核心之所以爲核心，並不存在線性的、由下而上的發展。

從另一個角度來說，科技日益發達，人心和人性卻沒有因此提升。不論對人心的認識，還是對人性的改造，都沒有超出佛法修行的範疇，都離不開止惡修善、自淨其意，所以我們要做的首先是學習和繼承。如果說有什麼需要發展，只是在解讀和傳播上，要選擇適合當代人的方式。而佛法揭示的宇宙人生眞相，是佛陀證悟後告諸世人的，並不是某種發明創造。之所以具有永恆性，因爲它是事物本身的規律，本來如此。

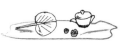

**顏愛民教授**：這個問題隱含了一個假設，社會各方面都是從落後走向先進。這一思想源於達爾文的進化論。我曾在劍橋達爾文學院演講時說：進化論應該是錯的，請大家不要見怪。結果達爾文學院幾位教授當場站起來說：我們早就知道它是錯誤的。所以大家要搞清楚，進化論是一家之言，不要把它變成科學常識，用來質疑其他思想。至於在認識人性的問題上，正如法師所言，兩千年前和現在的人並沒有本質變化。既然人性沒有變化，那麼基於人性的智慧肯定是有用的，所以《金剛經》沒必要出續集。

## 努力沒結果時怎麼辦

**問**：在您的書中看到「因上努力，果上隨緣」，當人們辛勤努力卻沒得到想要的結果時，難免感到失落，我們如何療癒自己並幫助他人？

**濟群法師**：「因上努力，果上隨緣」的智慧，正是爲了療癒我們由執著結果帶來的種種壓力、焦慮和痛苦。對於結果本身，我們能做的就是接納，因爲它已經存在。

但要知道，任何結果的產生都取決於它的因。只有在因上努力，才是改變結果的關鍵所在。就像我們要取得好成績，就要努力學習。

現代企業重視專案管理，這是西方透過對數萬家企業幾十年調研總結而成的做事模式，包括啓動、計畫、落實、監控、總結經驗等，即做事必須抓住的要領。如果我們做事時缺乏整體觀，往往會根據個人經驗，或是抓不住重點，或是顧此失彼，結果可想而知。從佛法角度看，專案管理就是對因緣因果的管理。只有對事情的相關因緣有總體認識，在因上不斷努力，才能達到預期結果。當結果還不理想時，先要接納這個現實，但不是停留於此。進一步，還可以把結果變成因，繼續在因上努力。

專案管理中的知識庫，就是對每件事的結果進行總結，形成經驗，在未來加以彌補。就像軟體會有很多版本，就是把當下的果變成因，在此基礎上繼續優化。當我們以這樣的心態做事，不論結果是什麼，都可以坦然接受。因爲這已是我們所能做到的最好結果，至少是當下的最好結果，有什麼可失落的呢？

## 放下是不求上進嗎

**問：**現在不少企業感覺培養幹部很難，年輕人不想幹，覺得當中層還不如普通員工有幸福感，用法師的話說，是放棄了對重要感、優越感和主宰感的追求。這樣的話，企業如何繼續發展呢？

**濟群法師：**帶著重要感、優越感和主宰欲，確實會成爲某種動力。但這種動力有很大的副作用，不僅給人帶來壓力，還會造成彼此的競爭，甚至紛爭。如果以這三種感覺促進發展，後患無窮。但不追求三種感覺，並不是不要有人生目標。事實上，佛教提倡發願，儒家強調立志，都是說明我們確立人生的目標和價值，一方面完善自身德行，一方面承擔對家庭和社會的責任。工作不僅是謀生手段，也是造福社會的途徑，所以佛教並沒有讓人們放棄工作，反而鼓勵在家居士透過工作自利利他，所謂「一切治生產業皆與實相不相違背」。

年輕人不想幹，覺得當中層沒有幸福感，可能有企業自身的管理因素，感覺投入

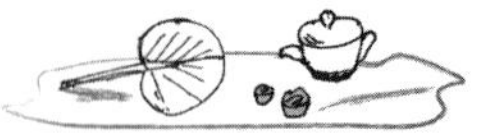

得不到回報；也可能是社會風氣使然，安於現狀，沒有更高追求。但這些現象和放下三種感覺無關，沒有重要感、優越感和主宰欲，一樣可以積極進取，有遠大志向，但不執著。

## 持戒有違陰陽平衡嗎

**問：**儒家說世界是天人合一，要陰陽平衡，包括所有的人和物。那麼佛教提倡的戒律會不會有違陰陽，造成不平衡？

**濟群法師：**儒家講天人合一，佛教有依正不二，認為生命屬於正報，山河大地屬於依報，即眾生依託的世界。印度文化則說梵我一如，認為宇宙是大我，個體就是小我，修行就是讓小我回歸大我。這種將生命和世界視為整體的思想，對保護生態很有幫助。現在西方的深層生態主義也認為，人是自然的一部分，是相輔相成的整體，而不是像過去的人類中心主義，認為世界必須為人服務。

至於人自身的陰陽平衡，在佛教的人天善法中，同樣認可世間生活的合理性。比如五戒的不邪淫，並不反對正常的夫婦關係，只是禁止婚外戀等不正當關係。這與儒家倫理所說的「非禮勿視，非禮勿聽，非禮勿言，非禮勿動」是一致的。但從解脫道修行來說，目標是斷除輪迴，所以提出了更高的要求。既認識到陰陽五行的關係，又不受限於這個關係，即「超出三界外，不在五行中」。所以對出家修行來說，淫欲是障道法，是障礙解脫的。

**顏愛民教授**：第一，佛教的在家戒並不排斥正常關係，所以不要擔心。第二，如果境界更高一點，對自己的要求也得更高一點。這是可以選擇的。

## 爲什麼有我執和自戀

**問**：法師說，我執導致了重要感、優越感和主宰欲，那麼我執的原因是什麼？我執和自戀是什麼關係？有位心理老師說過，自戀是因爲嬰幼兒時期的需求沒有得到滿足所造成的，應該怎麼解決？

**濟群法師**：佛法認爲，我執的源頭是無明。所謂無明，是開啓智慧前的黑暗狀態。這

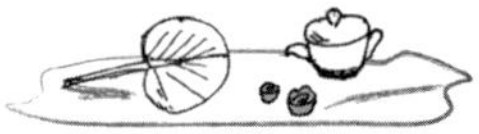

種無明是與生俱來的，爲無始無明。因爲無明，我們無法正確瞭解自己和世界，並由錯誤認識產生種種煩惱、痛苦乃至輪迴，所以無明是人類一切問題的根源。學佛就是要點亮內在的智慧明燈。當這盞燈被點亮，黑暗自然就消失了，所謂一燈能破千年暗。所以黑暗也是了不可得的，但在點燈之前，它是實實在在的，會讓生命處於混沌中。

至於自戀，屬於自我的表現方式，程度嚴重者會導致心理疾病。解決方式主要是改變觀念，認識到自以爲了不起的一切，和自己不過是暫時的關係。既然是暫時的，有什麼可戀的呢？心理學的認知療法，就是透過改變觀念達到治療結果。從佛法修行來說，具足正見後，還要進一步透過禪修清理心靈垃圾。去除我執，才是解決自戀的根本。

## 無念才是「我」嗎

**問：**我曾聽過一位身心靈老師的課，關於「我是誰」的問題，他說默念「我、我、我」，在我和我之間的間隙，就是眞正的「我」。怎麼理解無念時才是「我」？還是說認知的那個狀態是「我」？

**濟群法師：**念「我、我、我」，容易念出我執，而不是無我。所以佛教通常是用否定的方式追問，即透過「什麼不是我」來排除。既然代表「我」，必然是本質的存在，是不變且不可分割的。當我們一路追尋，把不是「我」的部分通通否定，把那些和「我」只有暫時關係的部分通通否定，才能找到眞正的自己。

我們活在世上，確切地說，是活在自己的念頭中。但心念並非恆常不變的，而是一念接著一念：一會兒想到家裡，一會兒想到企業；一會兒想到這人，一會兒想到那人；一會兒想到這事，一會兒想到那事……其實，這些只是緣生緣滅的妄念而已，是暫時的，並不能代表「我」的存在。

禪修就是要跳出這種念念相續的狀態，在前念已經過去，後念尙未生起之時，看看那是什麼？在念頭與念頭之間，沒有物件，超越二元，沒有能也沒有所，那才是我們的本來面目。這必須向內觀照，而不是向外尋找，否則就南轅北轍了。

**顏愛民教授：**人都是活在自己的念頭中。我們看到、感覺到的世界其實是主觀映射，不是眞相。正因爲我們對世界的不同評判，才導致人與人的認知差異。這有點像電影，我們看到的故事是連貫的，實際是由一個個鏡頭連接起來。在一念過去另一念未生的瞬間，你本來的東西在那裡，要向這裡去觀。這是討論不出的，必須自己去觀。

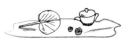

# 13

# 與企業家們說慈善

—— 2016 年爲清華經管學院 EMBA 深圳校友會學員開示

今天是釋迦牟尼佛成道日，在這殊勝的日子和大家共結法緣，意義重大。這個日子意味著什麼？成道並不是外在的成就，不是得到學位、職稱、名次，而是生命的覺醒。

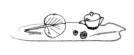

最近，美國《華盛頓郵報》評出世界十大奢侈品，榜首就是「生命的覺醒」。因爲人們已經認識到，即使吃穿用度都是名牌，也只能改善生活品質，而覺醒意味著生命品質的圓滿。換言之，讓自己成爲「名牌」本身，才具有究竟的意義，值得畢生追求。這個「名牌」不在於名氣，也無關財富、地位，而是具備智慧和慈悲的內在品質。

這次的主題是「企業家的慈善精神」，也和覺醒有關。因爲慈善離不開慈悲，圓滿的慈悲又離不開智慧。所以說，慈善不只是簡單地做點好事，而是通往覺醒的道路。我曾在復旦大學「心理大講堂」上爲公益人士做過講座，探討參與慈善的正確發心和可持續發展，主要強調了兩點：一是慈善的本質和心理基礎，二是慈善的價值。後者又涉及內外兩方面，外在價值是慈善給受助者帶去的幫助，以及受助者和社會的回饋；內在價值則是行善給自己帶來的生命成長。多數人只看到慈善的外在價值，卻忽略了它的內在價值，一旦外在價值和預期不符，尤其是在受助者不感恩、社會不理解的情況下，很容易心生糾結甚至退轉。這正是很多公益人士面臨的共同困境。

如何參與慈善才能讓愛心更有力量？在座的都是企業家，也是公益慈善的重要參與者，那麼，是不是有財力就能做好慈善？是不是任何捐獻或幫助他人的行爲都具有慈善內涵？我們探討「企業家的慈善精神」，必須認識到：這種精神的內涵是什麼？應該透過什麼管道在內心建立慈善精神？怎樣才能由內而外，從身口意來展現、踐行並提升這種精神？以下，從四個方面和大家分享。

## 何爲慈善

「慈善」二字大家很熟悉，它的內涵究竟是什麼？如果帶著種種個人目的，作秀式地捐錢捐物，是不是慈善？如果在幫助他人的同時依然違法亂紀，是不是慈善？如果沒有利他心，客觀上卻起到讓人受益的作用，是不是慈善？要回答這些問題，必須

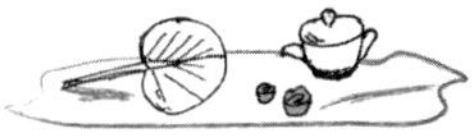

對慈和善的內涵加以界定。

## 何為慈

慈，即與樂，是佛教的重要修行。世人都希望得到快樂，不論是工作賺錢，改善物質條件，還是從事藝術，豐富精神生活，乃至人類五千年文明，目的都是爲了活得更快樂，更幸福。當我們生起給他人帶去快樂的心，以他人之樂而不是自我感覺爲目的，就是慈心。帶著這樣的心做善行，才是眞正意義上的慈善。

佛教中，與慈同時出現的還有悲，即拔苦。世人有種種痛苦，或爲疾病所苦，或爲生活所苦，或爲工作所苦，或爲抑鬱、焦慮所苦，雖然努力擺脫，卻往往力不從心。我們看到眾生之苦，感同身受，發願幫助他們擺脫痛苦，就是悲。

可見，慈悲就是與樂拔苦。與此相關的另一個概念，是大慈大悲。之所以有那麼多人崇拜觀音菩薩，信仰觀音菩薩，遇到困難求助於觀音菩薩，正是因爲菩薩具有大慈大悲的品質。這個「大」包含了六道一切眾生，也就是說，對任何眾生都平等相待，都願意予其快樂，爲其除苦，沒有親疏之分，沒有人和動物之別。這種高尚品質並非與生俱來，而是菩薩多生累劫修成的，也是慈善的最高境界。

## 何為善

善，屬於倫理範疇。佛教認爲，善行使生命增上，惡行令生命墮落。究竟什麼行爲是善的，健康而合理的？什麼行爲是惡的，不健康且不合理的？其判斷標準是什麼？可能有人覺得，只要遵守法律即可。其實，法律僅僅對犯罪行爲做了界定，屬於基本道德底線，很多行爲雖不在法律禁止之列，卻對生命發展具有負面作用。

佛教從因果來探討善惡，認爲生命發展取決於身口意三業的積累。這種因果貫穿三世，由過去的所思所言所行，構成當下的存在；又由當下的所思所言所行，決定未來的生命型態。我們希望有好的生命結果，就要從因上著手，對心念和言行加以選擇。因爲這一切不是發生後就結束的，還會成爲種子，儲存在心靈世界，影響未來的生命發展。

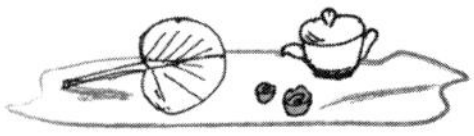

從個體來說，只有對眼前和未來都有益的行爲，才能稱爲善行，即《成唯識論》所說的「能爲此世他世順益，故名爲善」。反之，某些行爲雖能給自己帶來暫時的滿足，卻會對未來產生負面影響，就屬於不善行。從社會來說，必須不傷害他人，且有益於他人的行爲，才能稱爲善行，而對自他雙方構成傷害的行爲就是不善行。包括現前的傷害，也包括對未來的影響。這個標準非常重要，不僅關係到自身發展，也關係到與他人的和諧相處，以及整個社會的和平安定。

佛教所說的行爲，首先是思想行爲，然後才是語言和身體的行爲。雖然念頭沒表現爲言行時是看不見的，但它依然會產生作用。比如你對他人充滿歡喜、接納，還是心生對立、牴觸，不一定要說什麼，做什麼，這種情緒當下就會對自己產生影響，進而對雙方關係產生影響。如果不去解決，其作用還會回到自己身上，甚至循環往復。所以說，我們選擇什麼行爲，就會構成什麼世界。而每個人的小世界又會相互影響，共同構成整個世界的場。我們希望世界充滿愛，就要從自己開始積極行善。個人力量雖然渺小，但持之以恆，一定能和其他善行相互增上，改善世界。

## 慈善的兩個問題

透過對慈和善的認識，我們瞭解到，慈善是慈悲與道德的結合。這就涉及兩個問題。

第一，如果僅僅是捐獻行爲，但沒有慈悲大愛之心，不是出於對眾生的關愛，比如帶著各種世俗、功利的目的做慈善，或是做爲企業家和公眾人物「被慈善」，這些行爲能不能算慈善？我覺得，在嚴格意義上是不算的。雖然他們客觀上做的是好事，也能爲人帶去實際幫助，但眞正的慈善必須以慈悲心爲基礎。如果不是出於慈悲大愛，只能算作善行。當然，做總比不做好，這是值得肯定的。但如果我們認識到慈善的意義，調整心念，本著慈悲大愛之心去做，同樣的行爲，結果將完全不同，不僅能利益對方，還能使自己得到成長。相反，帶著功利心的捐獻，本質上是一種交換，雖然也能獲得相應福報，但會帶來種種副作用。

第二，僅僅是遵循道德，並沒有爲他人實際做些什麼，能不能算是慈善？我覺

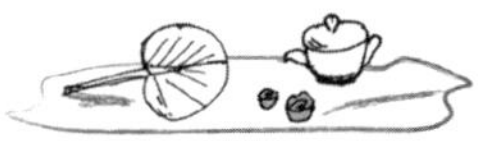

得，這也屬於慈善的一部分。佛教認爲，善行有消極和積極之分。消極的善行就是止惡，如五戒的不殺盜淫妄酒，既是對自我的約束，也是對眾生的利益。不殺生，眾生就不必擔心生命安危；不偷盜，眾生就不必擔心財產受損；不邪淫，他人就不用擔心自己或親友被侵犯；不妄語，眾生就不必擔心被欺騙；不飲酒，眾生就不必擔心被失去理智者傷害或殃及。積極的善行，則是主動幫助他人，也就是通常意義上的，眾生需要什麼，我們給予什麼幫助。這是慈善的兩個內涵。

所以對慈善來說，行爲固然重要，但更重要的是以慈悲待人，以道德自律。當我們具備這樣的生命品質，不論想什麼、說什麼、做什麼，於人於己都是有益的。那麼，怎樣建立慈善精神？

## 慈善精神的建立

在成長過程中，我們由教育和社會環境的影響，形成了各自的思想觀念和行爲方式。慈善精神同樣來自教育和社會，來自世界觀、人生觀和價值觀。說到三觀，不少人覺得這是高大上的哲學問題，和現實人生沒有太大關係。事實上，生活中的一切所思所想、所言所行都離不開三觀。世界觀和人生觀代表了我們怎麼看世界、看人生；價值觀則決定了我們的選擇，只有覺得什麼重要，才會選擇什麼，把精力投向什麼。三者又是相互影響的，有什麼樣的世界觀，會決定我們的人生選擇；有什麼樣的人生觀，會影響我們眼中的世界和價值取向；有什麼樣的價值觀，又會使我們看到不同的世界和人生。那麼，慈善精神來自什麼樣的文化和三觀？

## 基督教的慈善精神

基督教宣導博愛，歷來都有做慈善的傳統，在世界各地建設了大量醫院、孤兒院、學校等公益機構，熱心幫助弱勢群體。這種精神是透過《聖經》傳承的，建立在神創說之上，由神對人的恩賜，推及人與人之間的關係，包括止惡和利他兩方面。

基督徒要遵守十誡，其重點爲止惡。前四條表達對神的虔誠，必須忠於耶和華；後六條代表各種文化共同宣導的基本道德，爲孝敬父母、不可殺人、不可姦淫、不可

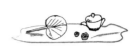

偷盜、不可作假證、不可貪戀他人物品。只有具備這些品行，才能進一步愛他人，利益他人。

爲什麼要愛他人，而且是平等的博愛？其思想基礎來自上帝對人類的愛。上帝不僅創造人類，賜予人類生命，還拯救人類於罪惡中。因爲得到上帝之愛，所以人類必須「以全部的心志、情感和毅力愛上主上帝」。對於生活在塵世的人來說，怎樣才能體現這種愛，更好地回報上帝？就要遵從上帝的旨意——「彼此相愛，像我愛你們一樣」。透過利他的慈善行爲，信徒們可以在世間彰顯這種效仿上帝的愛，從而見證和榮耀上帝。但基督教宣導的愛主要局限在教眾之間，並不包括異教徒和動物，所以這種平等和博愛還是有條件的。

## 儒家的慈善精神

儒家的慈善體現爲仁愛，建立於宗法制的基礎上，主要透過四書五經傳承。內容包括兩方面，首先是修身養性，遵循仁、義、禮、智、信的道德準則，具備君子乃至聖賢的品質；其次是仁者愛人，兼濟天下。

仁愛屬於世間關係，立足於家庭，再延伸到社會大眾，所以「愛有等差」。這種差別是由親疏遠近決定的，從親到疏，由近及遠。「孝悌也者，其為仁之本」告訴我們，要以孝順父母、尊敬兄長做為仁愛的根本。換言之，如果一個人不能孝敬長輩，是談不上慈悲世人的。《孟子》的「親親而仁民，仁民而愛物」，包括我們熟悉的「老吾老以及人之老，幼吾幼以及人之幼」，同樣是從愛自己的家人，擴展到社會大眾，乃至天地萬物。

## 佛教的慈善精神

基督教是依對上帝的愛建立博愛，出於對上帝的信仰和回報而行慈善，更強調平等，但必須以信仰為基礎。儒家是依對親人的愛建立仁愛，因為將心比心而行慈善，雖有親疏差別，但更接近人性的特點，即使不瞭解多少儒家思想，也容易理解並認同這種愛。那麼，佛教又是依什麼建立慈善的呢？

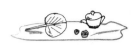

## 從因緣因果建立慈善

佛法認爲，生命延續遵循因緣因果的規律，由不同行爲帶來相應的生命結果。說到因果，人們更多想到的是外在報應，而且是即時、可見的報應。有了這樣的設定，往往會對因果心生疑惑，覺得好人未必有好報。事實上，從因感果還涉及種種條件，並不是即刻就會發生的，也不是我們以爲的那麼機械和對應。其中有相似的等流果，還有不同的異熟果。但基本原則是相同的，那就是善因得樂果，惡因得苦果。就像種瓜得瓜那樣，本質是不變的。

比外在因果更重要的，是內在的心靈因果。我們今天能成爲這樣的人，和所受教育、人生經歷有關，也和每天的起心動念有關。生活中，有人貪得無厭，有人知足常樂；有人瞋心熾盛，有人慈悲調柔；有人極端自私，有人無私奉獻　爲什麼有這些不同？正是來自日日夜夜乃至生生世世的積累。如果不斷重複貪心，這種貪就會像滾雪球那樣，所貪物件和程度都會隨之增長，看到什麼都貪，都想據爲己有，最終使貪成爲人格的主導。慈悲也是同樣，當我們出於慈悲參與公益慈善，在做的過程中，慈悲心就會得到滋養，隨之增長，使我們繼續參與慈善，幫助眾生，最終成爲充滿慈悲的人。

我們希望生命有什麼樣的積累？是眞善美，還是假惡醜？相信大家都會選擇前者。什麼是眞善美？是慈悲、溫暖、樂於助人，還是自私、冷漠、不願付出？答案也是不言而喻的。參與慈善，正是長養慈悲的有效途徑，同時還能克服自私、化解冷漠、消除對立、建立和諧的人際關係。如果我們想擁有健康的生命品質，就要遵循道德，積極利他。這麼做不僅對他人有益，同時也在成就自己。對方得到的只是外在幫助，而我們卻在改善生命品質，是盡未來際可以受益的。

## 從人心人性建立慈善

佛法認爲，人有佛性，也有魔性；有善心，也有不善心。如果發展善心，就能提升生命，最終證悟佛性；如果發展不善心，就會沉淪墮落，甚至與魔無異。可見，選擇並發展什麼非常重要。很多人重視高考志願，其實那只是一次選擇而已。人生中，

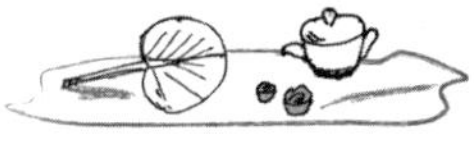

我們時刻都要做出選擇，不要覺得這些選擇微不足道，長此以往，它們會成爲串習，決定生命走向。所以佛陀一再告誡我們：「莫輕小惡，以爲無殃；莫輕小善，以爲無福。」

怎麼長養善心？慈善是最爲重要的途徑，由慈心而修善行，由善行增長慈心。在具體實踐中，一方面要盡己所能地幫助眾生，一方面要培養對眾生的慈悲之心。因爲我們的能力很有限，無法滿足眾生的所有需求，只能隨分隨力地做，但這份慈悲心可以是平等且無限的。不管在什麼情況下，都不能以任何藉口禍及眾生，不能爲了某些眾生傷害另一部分眾生，更不能打著高尚的旗幟讓眾生做出犧牲。

對佛法修行來說，眾生甚至比佛更重要。因爲佛陀只是榜樣和引路者，並不需要我們爲他做些什麼。只有處處以眾生爲中心，時時利益眾生，才能去除我執，圓滿慈悲。正因爲慈善可以成就佛菩薩那樣的悲智二德，所以貫穿了三乘的修行。在人天乘，慈善可以積累資糧；在聲聞乘，慈善可以成就四無量心；在菩薩乘，慈善更是修習六度、自利利他的主要手段。

相比其他的宗教和哲學思想，這種依因緣因果和人心人性建立的慈善精神，更具有普世價值。即使對沒有信仰的人來說，只要想成爲更好的自己，就必須發善心，行善事，種善因，才能得到希望的結果。

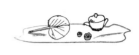

## 從聞思修建立觀念

以上，說明了文化傳承對建立慈善精神的重要性。但很多時候，我們雖然學了種種道理，不過是知道而已，並沒有讓這些文化成爲自己的精神，也就是人們常說的「道理我都懂，就是做不到」。爲什麼會這樣？因爲我們只是在學知識，生活中還是沿用固有串習，並沒有運用所學，指導自己的所思所言所行。怎樣才能讓概念成爲觀念，使慈善文化有效傳承，慈善精神落到實處？

關於這個問題，佛教提出了非常經典的三個字——聞、思、修。聞包括耳聞目睹，屬於接收資訊的過程。思是運用理性思惟，瞭解這些文化究竟闡明了什麼道理？是不是合理？對人生有什麼意義。當我們透過思考認可這些道理，才會在理解的基礎上接受，進一步轉化爲自身觀念。否則，終究是和道理隔了一層，雖然知道，但無法起用。修則是在生活中實踐，運用這些觀念待人處世，使之在內心深深扎根。這個過程就像吃飯，聞只是看到食物；思是吃下食物，吸收營養；修是讓營養發揮作用，進而帶來新的能量。孔子的「學而不思則罔」也是告訴我們，要運用理性建立並強化觀念。只有讓道理成爲自己的觀念，才能時時處處地運用它，使心態得以修正，生命品質得以提升。

## 慈善精神的實踐

說到慈善精神，有知和行兩個方面。首先是知，透過文化傳承建立觀念，在內心認可慈善的意義；其次是行，讓自己的身口意三業踐行並強化慈善精神，切實利益他人。如果說慈悲是慈善的根本，那麼慈善就是慈悲的落實，以及檢驗眞僞的標準。比如一個人自以爲很慈悲，卻在他人需要幫助時無動於衷，不願施以援手，顯然不是眞正的慈悲。

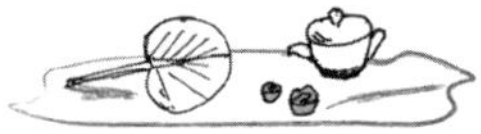

在具體實踐中，基督教一方面致力於慈善救濟事業，一方面傳播福音，讓人們由信主得到拯救，屬於物質和精神的雙重慈善。儒家是立足於五常、五倫的道德準則，引導人們成爲有德君子，進而幫助自己的親人朋友，再擴展到社會大眾，從修身、齊家而能治國、平天下。包括儒者崇尚的「爲天地立心，爲生民立命，爲往聖繼絕學，爲萬世開太平」，也昭示了崇高的慈善境界。

佛教又是怎麼落實慈善精神的呢？前面說到，慈善貫穿了三乘修行，但重點體現在菩薩乘中。因爲人天乘是以人天樂果爲目標，聲聞乘是以解脫爲目標，主要基於自利。惟有菩薩乘修行才以利他爲核心，由利他而於自身圓滿佛菩薩的悲智兩大品質。而且從發心到實踐都有深入的引導，可以說是究竟的慈善。

## 發菩提心

菩提心，是覺醒而利他的心。可能有人會說：覺醒和慈善有什麼關係？從佛法角度說，如果不能解除迷惑，認清人生和世界的眞相，就會不斷招感痛苦，這樣的生命是沒有出路的。所以一切慈善都要立足於覺醒，並最終導向覺醒，才能眞正令眾生離苦得樂。否則的話，即使能爲他們做一點物質慈善，但帶來的幫助很有限，只是解決暫時的生活問題，不能讓他們安身立命。可以說，這也是目前很多公益慈善面臨的困境，一個問題解決了，新的問題又接踵而至。因爲凡夫生命就是製造痛苦的永動機，如果不在根本上改變，麻煩是源源不斷的。

西方歷史上，有柏拉圖的理想國、湯瑪斯的烏托邦、康帕內拉的太陽城，中國的儒家也曾提出大同世界，這些都寄託了先賢的美好願望。但直到今天，仍不過是理想而已。因爲理想社會的基礎在於人心，如果人心和人性存在種種問題，即使科技再發達，物質再豐裕，也是不可能實現的。就像現在，我們已經有了古人無法想像的物質生活，但社會問題依然層出不窮。佛法認爲，要建立理想社會，必須從淨化人心開始。當人的內心清淨了，外在世界才會清淨，所謂「隨其心淨則國土淨」。

發菩提心，一方面是確立「我要幫助一切眾生」的願力，一方面是認識心性，走向覺醒，這樣才能有效地自利利他。從自身而言，能有智慧地踐行慈善，長養慈悲；

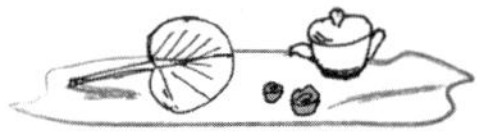

從眾生而言，能得到物質和精神的雙重幫助，得到現前和長遠的雙重利益。如果大家能本著菩提心做慈善，實爲眾生之幸、社會之幸。

## 平等慈悲

我們有不同程度的慈悲，但往往只是局限於自己喜歡的、有關係的人，或是雖無親無故但打動自己的對象。比如很多從事動物救助的慈善人士，就是因爲不忍動物遭受苦難而投身其中。不管哪一種，很難對眾生無分別地平等慈悲。有人對親人很慈悲，對外人很冷漠；有人對同類很慈悲，對動物沒感覺；有人對被救助動物很慈悲，但不覺得蒼蠅蚊子也是生命，甚至會用某些動物來餵養另一些動物。

爲什麼會這樣？是因爲自我的設定和執著。我們只在乎自己心中的生命，只對他們的痛苦有感覺，而對此外的一切是絕緣的。這種不平等的心是無法看到整體，也接收不到全部資訊的，其中還會隱含貪和瞋的成分，是有副作用的，很難眞正做好慈善。就像通信基站沒有覆蓋的地區，運營商就無法提供服務。

佛菩薩之所以能聞聲救苦，有求必應，正是因爲他們心中裝著一切眾生，平等無別。這樣的心也是我們本自具足的，只是因爲自我的狹隘設定，才使它變得很局限。這就必須透過修行撤除設定，使心恢復虛空般的本來狀態，接納眾生，接納萬物。在此基礎上，才能建立平等、無限的慈悲。

當我們平等慈悲一切眾生時，慈善的修行才能圓滿。本著這樣的心行，所做的每一件善行才是純粹的。在事相上雖然有限，也會受因緣制約，但於自身成就的慈悲是無限的。那樣的話，我們的所思所言所行，乃至一切的一切，都能散發慈悲的力量。

## 修習六度

大乘佛教中，以布施、持戒、忍辱、精進、禪定和智慧六度做爲修習善法的途徑，這也有助於我們踐行慈善。

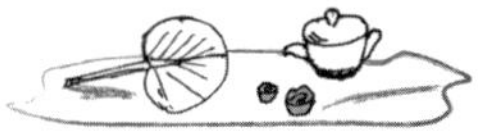

## 布施

布施，包括財布施、法布施和無畏施。財布施，即社會上常見的捐錢捐物，給予物質支持。法布施，是令對方獲得知識技能，能夠自力更生，是更爲長遠的幫助，所謂「授人以魚不如授人以漁」。而最究竟的是引導對方認識佛法，找到人生目標。無畏施，是讓眾生獲得安全感，不擔心自己的生命、財產受到損害，同時在精神上獨立自主，而不是心無所依。在人們普遍缺乏安全感的今天，這種幫助尤其重要。透過布施，不僅可以利益眾生，也能使我們廣結善緣，打開心量。

## 持戒

持戒，包括止惡、修善、利他三大原則。止惡是不以任何理由傷害眾生，哪怕是幫助其他眾生的理由。這是我們做慈善時特別需要注意的，不能覺得自己在幫助別人，就有了某種「特事特辦」的豁免權。要知道，善惡都會招感果報，是不能相互抵消的。修善是在止惡的基礎上，進一步修習善行。利他則是盡自所能，以實際行動幫助眾生。也就是說，我們做慈善時必須以道德自律，所作所爲首先不能傷害眾生，其次是屬於善行，第三是能利益對方，符合這三點，才是沒有副作用的慈善。

## 忍辱

忍辱，包括耐怨害忍、安受苦忍和諦察法忍。耐怨害忍，是被他人傷害時安然接納，理性對待，不因此產生對立和瞋恨。比如我們做慈善時，有時會被對方或社會誤解，甚至恩將仇報，如果不能接納，就無法心平氣和地解決問題，更容易心生退轉。這正是很多公益人士備受困擾的問題。因爲受助者形形色色，而整個社會對慈善也缺乏應有的理解和支持，在這樣的大環境下做慈善，特別需要接納的智慧。

安受苦忍，是接納環境和身心的不如意，如嚴寒酷暑、身體病痛、工作壓力等。很多企業家的創業過程非常艱辛，正是因爲他們忍人所不能忍，行人所不能行，才取得事業的成功。做慈善同樣需要堅持，需要克服重重困難。

諦察法忍，是突破思想的局限。在座都是社會上的成功人士，有自己的工作、生活和人生經驗。而我們的成功又在某種意義上說明，過往經驗是可行的。這就容易使人變得自我，難以接納更高的智慧，並習慣按自己的方式行事，而不是體察對方的眞正需求。對做慈善來說，同樣要以開放的心理解對方，設身處地爲對方著想，才能恰到好處地幫助眾生。

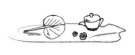

**精進**

精進，是對善行堅持不懈的努力，不放逸，不放棄。我們由傳承文化認識到做人的道理，認識到慈善精神的價值，就要落實到行動中。但不論自利還是利他，都不是容易的事。因爲凡夫有太多的惰性，還有強大的貪瞋癡，沒有精進爲動力，是無法在輪迴串習中逆流而上的。

佛教中，精進又稱披甲精進，就像勇士身披鎧甲，在戰場衝鋒陷陣，不懼千軍萬馬。修行如此，做慈善也是如此。在今天的社會環境中，修習善法的違緣比任何時代更多。從聲色誘惑到名聞利養的干擾，從道德風氣到價值導向的阻礙，時時刻刻都要提起強大的心力，才能堅持下去。所以精進特別重要，否則很可能半途而廢。

## 禪定

禪定，聽起來似乎有點神秘，其實禪定就是持續、穩定地專注。對慈善來說，就是任何時候都保有初心，讓慈善精神成爲內心的絕對主導。我們心中有無數念頭在此起彼伏，其中很多是負面力量，偶爾生起的善心就像星星之火，很容易被熄滅。想要布施時，貪心出動了；做慈善不被理解時，瞋心出動了。這就必須不斷思惟慈善的重要性，不斷調動相關心行，並以實際行動強化它，形成穩定的力量，使自己的所思所言所行都能和慈悲相應，由內而外地體現慈善精神。

## 智慧

智慧，是做好慈善的指南，包括兩方面。在事相上，知道怎麼做才能達到最佳效果，讓有限的投入充分發揮作用；在心行上，知道怎麼做才能讓自己從中成長，而不

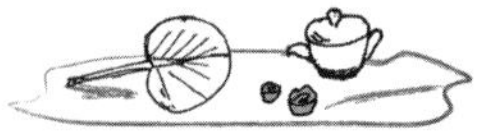

只是單純的付出。慈善本是自利利他的好事，不少人卻做得不開心，甚至備受委屈。爲什麼會這樣？就是因爲缺乏智慧。怎樣才能歡歡喜喜地做好慈善？

《金剛經》是大乘佛教的重要典籍，告訴我們，在修一切善行時，都要以利他而不是自我感覺爲中心，不能有我相、人相、眾生相、壽者相，同時不執著結果，才能保有超然的心態，使之成爲修行的一部分。不少人在做慈善時，因爲有我相、人相，就會在乎對方有沒有感恩心，社會是不是認可，事情有沒有達到預期。有了期待，難免患得患失。當然這也是人之常情，但過分看重這些的話，就會帶來不必要的糾結和煩惱。

如果說慈悲是慈善的動力，那麼智慧就是慈善的保障。有了智慧，才能讓慈善行爲不偏離，不變味。在事相上，看清哪些需要在因上努力，把該做的做到；在心行上，明確做慈善的目的和定位是什麼，同時學習佛法智慧，如《心經》《金剛經》等，學會以無我、無相、無所得的心來做。在積極利他的同時，也知道這一切都是緣起的顯現，如夢如幻，心無掛礙。

## 企業家如何建立慈善精神

在不同文化傳承中，基於對世界和人生的認識，對慈善有不同解讀。前面說過，基督教的慈善精神是立足於對神的信仰，因為相信神創造一切，決定一切，所以透過行善得到神的認同和拯救，但對不信神的人來說，這個理由就沒什麼說服力。儒家的慈善精神主要立足於宗法制，但在現代社會鬆散的人際關係下，這種邏輯也缺乏心理基礎。

相比之下，佛教的慈善精神是立足於對因果和人性的認識，立足於對自我的完善，更具有普世價值。因為因果屬於自然規律，而人性也是古今相通的。對於企業家來說，參與慈善事業不僅可以回饋社會，還能提升企業文化、完善自身生命品質，於人於己都是大有裨益的。那麼，我們應該從哪些方面建立慈善精神？

## 以慈善助力企業文化

西方企業非常重視企業文化，以此做為促進企業發展的動力。近年來，國內也在

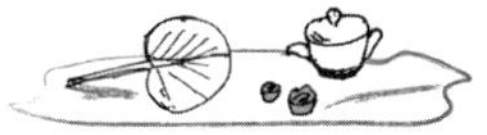

提倡儒商、道商和佛商，屬於對企業文化的探索。因爲企業是由人組成的，只有具備共同的價値觀，形成統一的行爲標準，才能同心協力，而不是在工作中因爲各自的立場產生內耗。慈善正是企業文化的重要內容，對內可以產生凝聚力，提升員工精神素養；對外可以回饋社會，展現企業形象。

怎麼做好慈善？必須以具有慈善精神的傳統文化爲指導，知道這麼做的意義是什麼。如果只是感性地做點什麼，往往是不穩定的，無法形成企業文化。而沒有文化爲背景，這些慈善也很難持之以恆地做下去。道德之所以能產生作用，並不在於信條本身，而是道德背後的思想基礎。認同這些思想，我們才會自覺遵守道德，無須他人的督促和檢查。爲什麼有信仰的人更容易受到信任？因爲大家知道，信仰能使人自我約束，而不會無法無天，見利忘義。

慈善也是同樣，只有以文化傳承爲基礎，才能有智慧地踐行慈善，使利他和自利統一起來。慈善並不僅僅是一種付出，同時也在長養自身的慈悲品質，使自己成爲最大的受益者。當企業注入這樣的精神時，一方面能承擔社會責任，扶貧濟困；一方面能眞誠關愛員工，引導他們建立正確的三觀，擁有健康的身心，將是最好的企業文化。

## 以智慧實現人生價值

智慧可以幫助我們看清生命眞相，知道它究竟有什麼價值。就像開發礦山，首先要全面勘測，瞭解其中蘊藏著銅礦、鐵礦還是金礦，有多少儲量。如果只是看到表面的樹木、岩石，認識不到它的內在價值，就不能開發利用。

怎麼認識生命的價值？來自對心的透徹瞭解，這一點正是佛法所長。在東西方各種哲學、宗教中，佛法是直接從心性入手，由認識心性來認識世界，實現人生價值。只有認識心性，才知道生命由哪些因素組成，什麼是需要去除的，什麼是需要成就的。在佛教的經典和戒律中，都說到「諸惡莫作，眾善奉行，自淨其意，是諸佛教」。其中，止惡行善是各種道德的基本原則，而「自淨其意」屬於佛教特有的修行，是由認識心性、調整心行，最終明心見性，走向生命的覺醒。

現代人能把覺醒做爲十大奢侈品之首，意味著我們的追求正在接近生命本質，而不是迷亂狀態下的盲目追求。如果不能走出迷惑，即使擁有再多物質上的奢侈品，也只是外在妝點，無法爲自己帶來眞正的幸福感，更無法提升內在品質。對人生來說，是什麼遠比擁有什麼更重要。讓生命走向覺醒，意味著我們也會成爲佛菩薩那樣的覺者，還有什麼比這更有意義嗎？

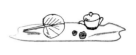

現代人從小就要贏在起跑線上，爲學業拚搏，爲事業奮鬥，卻不爲做人付出什麼努力。似乎做人是人的本能，只要活著就在做人，不需要額外投入精力。我們選擇學校，選擇工作，選擇婚姻，選擇衣食住行，爲種種生活瑣事選來選去，偏偏不爲生命發展做出選擇。不少企業家也是如此，把全部精力投入事業，卻忽略了如何做人。雖然錢賺到了，但自己身心不健康，生活不如意，社會不認同，這些都不是錢可以彌補的。

做爲企業家，應該很善於投資和經營，但要看清楚——生命中最重要的投資是什麼？最需要經營的是什麼？只有確立這個根本，把企業的戰略和人生的戰略統一起來，把企業的成功和人生的成功統一起來，才是眞正的雙贏。帶著這樣的智慧做事，才能用世間成就來實現人生價值。做事成功的同時，做人同樣成功；做人成功的同時，帶動做事的成功。

企業是眾緣和合的，其中有各種不可控的因素。但如果我們立足於做人來做事，不論企業怎麼發展，這只是生命的一部分，是我們利益社會的助緣，只要自己盡心盡力，就能坦然接受一切變化，而不是被企業的成敗左右。反之，如果把全部人生投入企業，以此爲一切的話，一旦遭受失敗，或是企業不再需要你，又該如何自處？

怎麼做人？必須有智慧文化的傳承，以此確立價值觀。但這需要加以鑒別，謹愼選擇。因爲現代社會資訊發達，市面上有各種與心靈相關的課程，其中還有附佛外道，一不小心，自己的精神系統就會被占領。就像入侵電腦的垃圾軟體甚至病毒，非但不能解決問題，還會造成一系列的混亂，甚至讓系統崩潰。而儒釋道傳統文化已有兩千多年的傳承，不論在理論還是實踐方面，都經過了長期檢驗，有無數成功案例。尤其是佛法，其深度和廣度正在引起全世界的重視和推崇，用好這個寶藏，可以開發

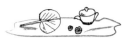

人生的終極價值。這才是最值得投資和經營的。

## 以止惡做為道德底線

止惡是做人的道德底線，也是建立慈善精神的基礎。現代社會急功近利，在這樣的大背景下，不少人爲了追求利益最大化，造作種種不善行，或是掠奪資源，製造污染，使生態環境嚴重惡化；或是造假販假，惡性競爭，使社會風氣每況愈下。其中也包括企業家。如果不從根本上改變惡行，即使在賺錢後做一點慈善，和對社會造成的傷害相比，不過是杯水車薪。從自身來說，也無法抵消惡行帶來的苦果。

做爲企業家，占有比普通人更多的資源，相應的，也要承擔更多的社會責任，尤其應該關注自身言行。因爲你的言行會被身份和所處地位放大，善行會被放大，惡行同樣會被放大，造成更惡劣的影響。所以我們要時時提醒自己：謹言愼行，諸惡莫作。在此基礎上，積極建立慈善精神。用現在的話說，止惡是基礎版，修善是升級版，利他是至尊版。如果沒有基礎，升級一定會遇到問題。

從自身來說，惡行會構成生命的負面積累，使自己成爲受害者；從社會來說，惡行會破壞他人的信任，影響與你的合作。有些人覺得在商言商，似乎商業行爲是獨立的，與道德無關。事實上，世間一切都是眾緣和合的，做企業同樣離不開順緣的成就。順緣從哪裡來？來自往昔的善根福德，也來自今生的所作所爲和道德品質，所謂「得道者多助，失道者寡助」。

當然，很多人並不是喜歡作惡，目的只是爲了牟利，以爲遵循道德就會吃虧。其實這是非常短視的行爲，是沒有看到道德的價值。我們想一想，如果自己交友或找人合作，難道不希望對方是誠信的，有愛心、講道德的嗎？難道不想與這樣的人長期合作嗎？將心比心，對方同樣希望我們是這樣的人。有道是，物以類聚，人以群分。一個唯利是圖的人，往往會遇到同樣算計的合作者，彼此斤斤計較；而一個止惡行善的有德者，才能廣結善緣，得到大家的尊敬和襄助，反而獲益最多。不論在東西方，成功的老牌企業都有自己堅守的道德準則。而那些缺乏底線的企業，即使一時得利，也好景不長。除了經營問題，缺乏道德正是主要原因。所以我們要相信道德的價值，它

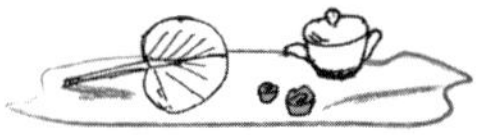

不僅有利於自身成長，還能得到社會認同，讓事業永續。

## 以利他培養慈悲大愛

除了止惡，我們還要積極利他。慈善的本質，是以博愛、仁愛、慈悲大愛幫助眾生。當然，人有本能的惻隱之心，就像孟子說的「乍見孺子將入於井，皆有怵惕惻隱之心」，因爲不忍看到他人受苦而施以援手。但僅僅這樣還不夠，因爲動物也有類似的表現。做爲萬物之靈，人身的殊勝就在於能對行爲做出道德判斷，從而止惡修善。透過利他，可以將我們已有的愛心不斷擴大，乃至無限。

利他，關鍵是把對自己的關注轉向他人。對他人多一分利益，對自己就少一分執著。相比過去，當今社會的人際關係更爲冷漠。一方面是因爲家庭結構改變，小家庭普遍取代了過去的大家庭，親緣之間變得疏離；一方面是因爲居住環境比較封閉，鄰里之間少有交往。這都使得自我設定的範圍越來越小，對這個範圍以外的人越來越沒有感覺。這種隔閡也是造成種種社會問題的重要原因。今天之所以有那麼多心理疾病患者，和自我封閉、自私自利有很大關係。一個人每天想著自己，心勢必越來越狹隘，越來越患得患失。因爲封閉，負面心行就會不斷自我複製並發酵，使自己深陷其中，百般糾結。只有打開心量，關愛眾生，那些因我執而起的負面心行才會失去生長環境，隨之弱化甚至消除。

在利他過程中，我們會接納更多的人，從自己喜歡的人，到沒什麼感覺的人，最後是曾經的冤家仇敵。心胸也會隨之打開，變得寬廣。進一步，我們還能以布施克服慳貪吝嗇，以持戒克服放逸散漫，以忍辱克服瞋恨對立，透過這些善行，使心越來越開放，從而消除隔閡、冷漠、對立，看到每個人都覺得很親切，很歡喜。儒家說四海之內皆兄弟，佛教說一切眾生在輪迴中都和自己有過父母、兄弟、姐妹的關係。當我們看到每個眾生都能心生歡喜，把歡喜傳遞給對方，就會發現，對方看到自己也是歡喜的。反之，當我們對他人心生隔閡時，他人看到你也如隔千里。

所以，利他可以成就慈悲大愛，改善人際關係，建立和諧社會，還能使我們成就無量福德。有句話叫作「小錢是賺來的，大錢是修來的」。運氣從哪裡來？從福報

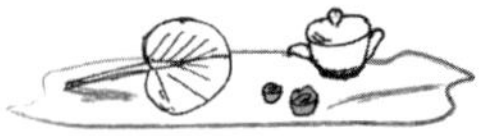

來。福報從哪裡來？從慈悲來。而慈悲和利他是相互增上的，因為慈悲心而利他，因為利他行而長養慈悲。當我們眞正具足慈悲時，福報一定會源源不斷。

## 結語

以上，重點和大家分享了企業家的慈善精神。首先要正確認識慈善，其次是透過傳承智慧文化，認識到慈善的價值，建立慈善的精神。有了這個前提，慈善行為是無所不在的。每天的起心動念、待人接物，都會包含這種精神。因為我們整個生命都是慈善精神的體現，而不是局限在某些行為。在當今社會，貧富差距越來越大，資源配置嚴重失衡，特別需要以慈善來調節矛盾。

做為企業家，大家已在物質上取得了一定成功，如果能承擔起應盡的社會責任，本著慈善精神積極利他，不僅能使大眾因為你的付出而受益，還能使自己在利他過程中提升生命品質，實現做人的成功。這種成功又會使得事業的成功更有意義。對人生來說，財富是生不帶來、死不帶去的。如果把賺錢做為目的，賺得再多也只是暫時擁有，本質上是沒什麼意義的。它眞正的意義是能否造福社會，澤被後世。希望大家把企業做爲踐行慈悲大愛的平台，用自己的能力，使財富和資源的使用更合理，在利益大眾的同時，圓滿自己的生命品質。

# 14
# 佛教的財富觀

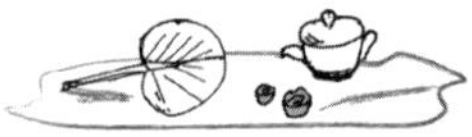

當今社會的發展不外乎兩大內容：一是經濟，二是科技。

的確，經濟發展極大改善了人們的物質生活。僅僅在二十多年前，我們的生活所需還是定量供應：需要糧票才能購買食物，需要布票才能購買衣服……兩相對照，其間的變化是大家有目共睹的。變化不僅表現在衣食住行上，同時也反映在城市建設方面，特別是一些沿海城市，其現代化程度和任何一個國際大都市相比都不會遜色。

科技帶來的便利也使我們不再感覺到時空的距離，尤其在網路風靡全球的今天，天下一家的夢想已在某種程度上得到了實現。這一方面使我們獲得了前所未有的便利，但在另一方面，現代生活方式和傳統價值觀念之間所形成的衝突，正日益困擾著我們的心靈。

發展又導致了激烈的競爭，並由沿海波及內陸，由城市波及村鎮。在今天的鄉村，田園牧歌式的恬靜風光已難以尋覓，取而代之的是林立的鄉鎮企業。競爭使今天的人變得特別浮躁，生活條件雖然有了提高，但真正感到幸福的人並不多。相反，工作帶來的壓力，社會轉型出現的無序，都使我們內心充滿了焦慮和困惑。

如何才能使這些問題得到解決？我們面臨的煩惱，固然起源於現實問題，但關鍵還是取決於我們的觀念。做爲組成社會的個體，我們的所作所爲不僅關係到個人幸福，更影響著整個社會。今天，我想從佛法的角度，和大家談一談如何看待及使用財富的問題，這也是人生觀的一個重要組成部分。

## 怎樣看待財富

生活中，每個人都在以自己的方式創造並享用財富。尤其在今天，個人生活的改善，自我價值的體現，社會效益的達成，都是以財富的增長做爲衡量標準。但正如俗話所說的那樣：「人爲財死，鳥爲食亡。」如果我們不能正確認識財富的作用和過患，往往就會被它傷害。

那麼，佛教又是怎樣看待財富的呢？

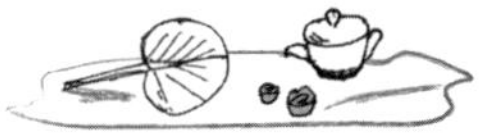

# 毒蛇

佛經中，記載著這樣一個故事：某日，佛陀率弟子阿難外出乞食，看見路邊有一壇黃金。佛陀立刻對阿難說：「看，毒蛇。」阿難亦應聲答道：「果然是毒蛇。」師徒倆的對話恰巧被附近一對農民父子聽到，便懷著好奇心前來觀看。一看之下，不由欣喜若狂，趕緊將黃金帶回家中，以爲這從天而降的幸運將改變他們的貧困生活。改變的確是發生了，但完全不是他們希冀的那樣。當父子倆帶著金子去市場兌換時，卻被人告到了官府。原來，他們撿到的金子是竊賊從宮中盜出，在逃跑時棄於路旁的。他倆人贓俱獲，有口難辯。這對樂極生悲的父子在臨刑時，才領悟到「毒蛇」的眞正含義。

類似的故事在現實生活中也比比皆是。近年來，甚至有部分領導幹部也由人民公僕淪爲以權謀私的罪犯。剖析他們蛻變的軌跡，我們可以發現，金錢是如何一步步腐蝕著他們的心靈。如不久前發生在廈門的特大走私案，直接牽涉到各級部門的工作人員達三百多人。當那些昔日地位顯赫的特權階層身陷囹圄時，想到的是什麼？當他們爲此付出生命的代價時，想到的又是什麼？「物必先腐，而後蟲生」，正是對金錢的貪婪致使他們墮落，使他們的價值觀發生了嚴重扭曲。種種教訓足以使我們警醒到：金錢雖然誘人，但也有著致命的殺傷力。所以致命，一是人類的貪欲使然，一是沒有認識到財富背後隱藏的陷阱。

金錢何以會成爲萬惡之源？首先是來源問題，這在拜金主義盛行的今天尤其值得重視。以往的生活條件雖不富足，但在安貧樂道的傳統觀念影響下，人們依然能夠知足常樂。隨著改革開放的深入，西方物質文明以其巨大的衝擊力，將中國從道德社會迅速推向了功利社會。金錢的誘惑和貧富分化帶來的危機感，雙重地困擾著人們。在利益的驅動下，許多人喪失了理智，置法律及道德於腦後，不擇手段地謀取財富。或造假賣假，以不法手段來騙取錢財；或鋌而走險，以走私販毒來牟取暴利；或以權謀私，利用工作之便來貪污受賄……當這些不法行爲和金錢結合在一起時，人們往往就一葉蔽目，知法犯法，在所不辭。

其次，是不正確的使用。如果擁有財富而沒有健全的心智，沒有處之泰然的超脫，就很可能在金錢的蠱惑下失去理智。如果說貪、瞋、癡三毒是潛伏在我們生命中的危機，那麼，使用不當的財富往往是引發它們的導火索。很多驟然暴富的人，或是吃喝嫖賭，或是揮霍無度，結果使身心受到極大摧殘……這是因爲財富使用不當引起的過患。

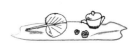

第三，是對財富的執著。據有關報導，東南亞金融風波之際，香港精神病院病人猛增。院方爲治療這批特殊病人，以類比的股票交易使下跌的股票上升，借此緩解他們因破產帶來的心靈創傷。由此我們也可以認識到，如果將積聚財富做爲生活的唯一目標，那麼一旦失去財富，就會失去整個精神支柱，這樣的人生無疑是可悲的。

## 淨財

佛經中，有「淨財」之稱。所謂淨財，就是清淨的財富。淨財不但是維持生計的必要條件，同時還能利益社會、造福人類。那麼，什麼樣的財富屬於淨財呢？

首先，來源是正當的。俗話說，「君子愛財，取之有道」。所謂道，就是正當的謀生之道，也就是八正道中的正命。只有透過勤勞、智慧獲得的財富，我們才能心安理得地享用，不必有任何後顧之憂。

其次，要懂得合理使用。佛陀一再告誡我們要奉行簡樸的生活原則，因爲欲望一旦鼓動起來，往往就難以控制；奢侈的生活習慣一旦養成，往往就難以放棄。和地球的資源一樣，人的福報也是有限的，過分放縱自己的欲望，不僅對身心有百害而無一益，更會將幸福提前支取。

第三，對財富不能有貪著之心。無論我們貪著什麼，它都會成爲傷害我們的利刃。所謂「酒不醉人人自醉，色不迷人人自迷」。如果我們貪著財富的話，那麼沒錢時我們會因貧困而煩惱；有錢時又會因爲擔心失去財富而煩惱。所以我們要認清財富的實質，了知財富的無常不定，而不是把它看作永恆的；了知財富在人生中的局限性，而不是把它視爲唯一。當我們眞正將財富視爲身外之物時，才不會被它所傷害。

「水能載舟，亦能覆舟」，財富同樣如此。財富本身並無所謂善惡之分，而是取決於它的實際用途。爲富不仁者以它來作惡，慈悲眾生者以它來行善。因此，我們大

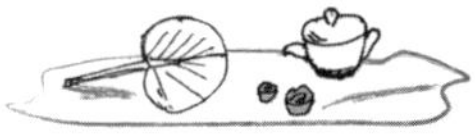

可不必「視金錢如糞土」。只要是透過正當管道獲得的財富，我們又能合理地分配使用，以此造福社會，並且沒有貪著之心，那我們就是財富的主人而不是它的奴隸，我們所擁有的財富就不是毒蛇而是淨財。

## 財富與道德、修行

對於佛教徒來說，如何將學佛與現實生活有機地結合在一起？或許很多人都曾面臨過這樣的困擾。在多年弘法過程中，常常有信眾就類似問題前來請教。我覺得，做爲學佛的人，首先要澄清兩個觀念：一是追求財富和道德是否對立？二是追求財富和修行是否對立？

### 追求財富與道德是否對立

在傳統的儒家哲學中，往往將義和利對立起來，很少談及利益。至少在表面上，大多數人都恥於言利，似乎金錢就是庸俗的代名詞。應當看到，儘管君子固窮的清貧思想在中國有著悠久歷史，但落實到生活中，仍不乏言行不一的僞君子。因爲利益是如此地實際而富有魅力，使人很難抵擋它的誘惑。

而西方人本思想則肯定了追求利益的合理性，只要在不傷害他人的前提下，對利益的追求就是道德的。正如思想家狄德羅所說的那樣：「一切人類社會的經濟都依賴一普遍而又單純的原則：我願意幸福，但是我和別人一起生活，他們和我一樣，也願意幸福；讓我們尋求使自己同時也使別人幸福、至少不能妨礙別人幸福的方法。」

佛教所說的善，也就是道德內涵，同樣是結合利益來說明的。《成唯識論》卷五曰：「能爲此世、他世順益，故名爲善。」就自身而言，善行不僅對現世有益，更能惠及未來生命；就自他雙方而言，善行不僅能使自己獲利，同時也能利益社會大眾。相反，如果只顧眼前利益而無視法律的存在，只顧個人利益而不管他人的死活，這種行爲不僅和道德相衝突，從究竟意義而言，和利益也是根本對立的。佛教有這樣一首偈：「善似青松惡似花，看看眼前不如它，有朝一日遭霜打，只見青松不見花。」生活中，非法行爲往往也能給人們帶來眼前利益，或許有些無知者會感到羨慕，但眞正

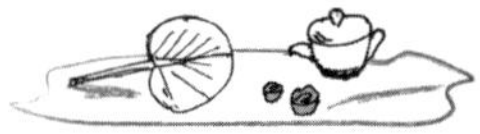

有智慧的人卻不會爲之動心。因爲透過非法行爲得到的利益只是暫時的，這種風光絕不會長久。

做爲在家居士來說，我們的行爲首先要符合法律規範，同時還要符合戒律的要求。只有這樣，才能爲我們帶來眞正的利益。無論經商還是爲人，信譽都是極爲關鍵的，用現在的話說，信譽就是品牌，就是無形的資產。信譽從哪裡來？就是從道德行爲而來。在激烈的商戰中，能夠保持持久生命力的，都是那些擁有良好信譽的企業。而唯利是圖的投機者，必然會落得「害人終害己」的下場。

因此，追求財富和道德並不是矛盾的。如果說道德是追求利益所應遵循的準則，那麼，利益就是道德行爲帶來的果實和收穫。

## 追求利益和修行是否對立

很多人學佛後覺得世俗生活毫無意義，而從事世俗勞作更是在浪費生命。這也使得社會對佛教形成了諸多誤解，以爲學佛是消極厭世的表現，是對人生責任的逃避。

學佛和追求財富眞的不可兼得嗎？

佛教將正當的謀生手段稱爲正命，反之即爲邪命。假如我們放縱自己的欲望，非法求財，損人利己，這樣的行爲和修行自然是對立的。我們常常可以發現生活中有那麼一些人，學佛的同時還在繼續造作惡業，以爲只要拿出部分錢財布施或供養三寶，就可以抵消自己的罪孽，可以從中獲得心理平衡。其實那只是他們的自我安慰而已。我們要知道，布施和供養雖然會給我們帶來福報，但並不能因此抵消惡業，更無法改變生命中累積的煩惱習氣。所以我們在選擇職業之時，必須符合法律與戒律的雙重規範，用正當的手段謀取財富，這和修行並不是對立的。

同時，我們在工作中一樣可以修行。《六祖壇經》說：「佛法在世間，不離世間覺；離世覓菩提，恰如求兔角。」《法華經》也說：「一切治生產業，皆與實相不相違背。」這都說明了工作與修行的統一。在我們的觀念中，往往將修行理解爲念佛、拜佛和打坐、誦經。事實上，那僅是狹義的、形式上的修行，「修行」二字的內涵遠遠不止這些。所謂修行，即對行爲的修正。我們的行爲包含三個方面：一是意業，即

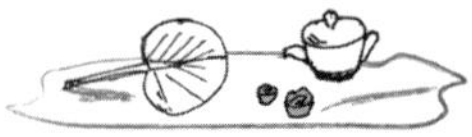

思想的行爲；一是身業，即身體的行爲；一是語業，即語言的行爲。凡夫無始以來被無明所蔽，身口意不斷造作不善之業。修行就是要用佛法的智慧來改造自己，從思想上擺脫貪瞋癡煩惱，從行爲上不再造作殺盜淫妄諸業，進而能以無常見、無我見、無自性空性見，了知一切有爲事相皆如夢幻泡影。所以說，時時保持正念，就是最好的修行。具備了這樣的前提，所謂的矛盾也就迎刃而解了。

## 佛教徒能否追求財富

雖然財富與道德、修行並不是對立的，但無始以來的貪心，使我們很容易對財富產生執著。所以說，佛教徒要不要追求財富，答案並不是簡單的是與否，而應根據具體情況分別對待。在佛弟子中，有出家眾，也有在家眾；有唯求自我解脫的聲聞眾，也有發願救度眾生的菩薩眾。不同的身份，有不同的需要；不同的發心，有不同的追求。

## 人天行中 責無旁貸

對於在家居士來說，首先要解決個人生計。與此同時，往往還肩負著家庭責任。為人父母者要養育後代，為人子女者要贍養老人，這都需要相應的物質條件。佛教徒要慈悲一切眾生，如果我們連身邊的親人都無力照料，又怎能利益更多的人呢？不僅如此，做為公民，做為社會的一份子，我們還有相應的社會責任需要承擔。如果我們連個人和家庭的生活都無法維持，本身就會成為社會的負擔，並加深社會對佛教徒的誤解。

除了以上這些責任和義務，身為佛弟子，還要具有助人為樂的情懷。不論是儒家還是基督教，都勸導我們要有愛心。在今天這個社會，貧富分化越來越懸殊，雖然部分人已達到小康水準，但還有很多人依然生活在貧困線之下。在邊遠地區，不少孩子因為家庭貧寒而失學，不少老人因為生活困窘而晚境淒涼，這些人都需要我們以實際行動去幫助。只有具備了相應的財力，才能為他們解決現實困難，提供生活保障。否則，即使有心幫助他人，只怕也是心有餘而力不足。

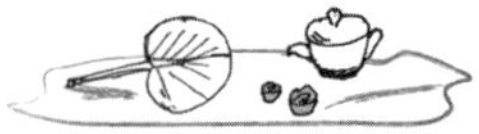

# 出世修行　少欲知足

做爲出家僧人來說，如果傾向於出世解脫，就應奉行少欲知足的生活準則。早期的原始僧團，佛陀要求比丘們依「四依」生活：日中一食，樹下一坐，穿糞掃衣，吃腐爛藥。除此而外，出家後所能擁有的，不過是三衣一缽而已。因爲出家就意味著對世俗生活的放棄，對物質享樂的放棄，從而排除一切干擾，將整個身心安住在對佛法的體悟中。

從修行角度來說，簡單的物質條件更容易使人保持內心單純。凡夫最大的特點就是心隨境轉，今天的人爲什麼心特別亂？就是因爲生活環境太複雜了，物質享樂太豐富了，使我們不知不覺地沉溺於聲色刺激中。

所以，佛法提倡的出世修行，是以儉樸的生活方式爲原則。我曾去法國的梅村參訪，那是由一行禪師主持的禪修中心。雖然法國的現代化程度很高，但梅村營造的氛圍卻簡單而又自然。因爲修行是爲了斷除煩惱、息滅妄想，在儉樸的生活環境中，物欲刺激相對要小得多，干擾也相對要少得多，心自然就容易靜下來。

而奢華的生活，對財富的過多占有，都會使我們的貪著越來越大，妄想越來越多，從而對修行構成巨大障礙。尤其當我們缺乏相當的定力時，更需要以簡單的生活來減少物欲，借助環境的力量來保護自己的心。

## 積聚資糧　廣度眾生

菩薩道的修行與解脫道又有著不同特點。菩薩不僅要自我完善，還要慈悲一切眾生，廣度一切眾生。在菩薩奉行的六度四攝中，都是以布施爲先，包括財布施、法布施和無畏施。

藥師琉璃光如來在因地修行時，曾發十二大願，幫助一切爲饑渴所惱的有情。他教導我們：「應先以上妙飲食，飽足其身。」可見，物質給予也是幫助眾生的方式之一。所以，發了菩提心的人可以去賺錢，可以擁有很多財富。擁有更多財富之後，才有更大的能力幫助眾生。但前提是不能有貪著之心，否則就不是菩薩的境界了。

與財布施相比，法布施才能令眾生眞正地離苦得樂。法布施主要包括兩個方面，

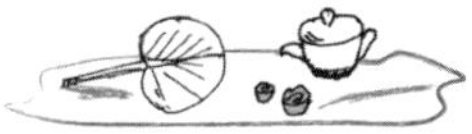

一是生存技能，一是佛法眞諦。對於生活無著的人來說，物質救濟只能解決燃眉之急，而幫助他在社會上自強自立，才能使他得到更大的受用。而最爲究竟的方式，則是引導他契入佛法，「以法味，畢竟安樂而建立之」。

所以說，學佛的人要不要追求財富，關鍵是看自己的發心，看自己是在哪一個層面上修行。如果從出世解脫的層面來說，就不應追求財富；如果想進一步發菩提心，那麼，以財富來利益眾生，也是行菩薩道的途徑之一。

## 怎樣追求財富

緣起的色身，必須假衣食才能延續。尤其在工業化社會，我們的個體生存和他人是分不開的，沒有農民爲我們提供糧食，沒有各行各業的勞動者爲我們提供生活所需，我們將寸步難行。一方面，我們要透過自己的勞動獲得財富；一方面，我們又要透過財富去交換他人的勞動成果。所以，學佛的人同樣需要財富做爲生存保障。那麼，佛弟子應該如何追求財富呢？

## 明瞭因果

佛法告訴我們：如是因感如是果。世間的一切吉凶禍福都不是偶然的，都是沿著因緣因果的規律在發展。

佛教講三世因果，因而對人生也要從三世因果中去認識。貫穿著三世因果的力量爲業力，包括引業和滿業。引業決定了我們生命的去向：或升天享樂，或墮落地獄，或繼續爲人；而滿業則決定了我們一生中的窮通禍福。所以說，人生的一切現象並非偶然，而是有一定的規律可循。明瞭人生因果的最大意義就在於，我們可以主動把握自己的命運，爲未來人生規劃美好的藍圖。如果我們眞正懂得命運是由自身行爲所決定，就不會因失意而抱怨天道不公，更不會帶著僥倖心理去爲非作歹。財富不是從天上掉下來的，賺錢同樣有它的因緣因果之道。其中的因，既包括往昔種下的業力，也包括今生付出的努力。除此而外，還有很多客觀因素，如市場需求、致富機遇等等。

## 廣種福田

「人天路上，修福爲先。」我們的生活順利與否，在很大程度上取決於各自的福報。福報就像土壤，如果是肥沃的土壤，無論種什麼都容易獲得豐收，而在貧瘠的土地上，同樣的付出卻不會有同樣的收穫。爲什麼有些人事事如意？這並不是上天的格外恩賜，也不是命運的特別垂青，而是他們往昔種下的福田使然。所以對每個人來說，福報都非常重要。

收穫是由播種而來，我們想要在人生中擁有福報，就要在深信因果的前提下廣種福田。

福田有三。首先是恩田，對有恩於我們的一切，都要懷著感恩的心去報答，包括父母恩、師長恩、國土恩和眾生恩。父有慈恩，母有悲恩，他們不僅給予我們生命，並將我們養育成人，爲三界中最勝之福田。而在我們的成長過程中，師長的教誨也有著舉足輕重的作用。「師者，所以傳道、授業、解惑也。」我們人生觀和世界觀的形成，生存技能的培養，都來自師長的教育。國土恩也是我們要銘記在心的，因爲國家爲我們提供了生存的空間，提供了安全和福利的保障。再就是眾生恩，世間生活是緣起的，要依賴各種條件，對一切有恩於我們的眾生，都要知恩報恩。我們不僅要對人類懷有感恩之心，對哺育我們的自然也要心懷感恩。一個心懷感恩的人，看到太陽升起時會有感激之心；聽到鳥兒鳴叫時會有欣喜之情，否則就會忽略這一切的存在，更不會懂得去珍惜，去善加呵護。

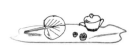

其次是悲田，就是從慈悲心出發，盡自己所能幫助千千萬萬需要幫助的人。在菩薩道的修行中，利他與自利是一體的。當我們幫助他人的時候，所付出的愛心和努力，就播下了善的種子。這不僅能使他人獲得利益，同時也能使我們完善自己的道德，昇華自己的人格。

第三是敬田，即恭敬一切應當恭敬的人，這裡主要指佛、法、僧三寶。因爲有佛陀做爲我們修行的榜樣，有佛法做爲我們修行的指南，有僧團做爲我們修行的依怙，我們才能在生死流轉中獲得眞實的依靠和解脫的途徑。因此，三寶對我們可謂恩同再造。我們應當以至誠的心禮敬三寶，有一分虔誠，就能獲得一分佛法的受益。

## 生存技能

除了培植福田外，我們還應重視今生的努力，因為福報必須透過相應的形式才能得到體現。哪怕天上會掉下餡餅來，還需要我們伸手去撿，否則也是枉然。佛法所說的因緣，包括內因和外緣兩個部分，內因需要外緣來成就。

在今天的社會，這就意味著相應的教育和職業訓練。沒有謀生技能，即使擁有福報，也像堆在倉庫裡的種子一樣，不會發芽、開花，更遑論結果。如果我們受過專業教育，或有一門實用手藝，就業機會就會增加。在自力更生的同時，還能以一技之長為眾生提供服務，為社會做出貢獻。經云：「若諸菩薩，求諸世間工巧明處，為少功力，多集珍財，為欲利益諸眾生故。」工巧明為五明之一，包括一切正當的技術技能，能使我們更好地創造財富。在《華嚴經．十地品》中，佛陀對此做了詳盡說明：「所謂文字、算數、圖書、印璽、地水火風，種種諸論，咸所通達；又善方藥療治諸病：癲狂、乾消、鬼魅、蠱毒，悉能除斷；文筆、贊詠、歌舞、伎樂、戲笑、談說，悉善其事；國城、村邑、宮宅、園苑、泉流、陂池、草、樹、花、藥，凡所布列，咸得其宜；金、銀、摩尼、珍珠、琉璃、螺貝、璧玉、珊瑚等藏，悉知其處，出以示人；日、月、星宿、鳥鳴、地震、夜夢吉凶、身相休咎，咸善觀察，一無錯謬；持戒、入禪、神通無量、四無色等，及餘一切世間之事，但於眾生不爲損惱，爲利益故，咸悉開示，漸令安住無上佛法。」

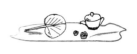

由此可見，專業技能不僅是生存的必要保障，也是菩薩利益眾生的增上緣。俗話說：「三百六十行，行行出狀元。」如果我們有福報並且努力的話，無論學習什麼專業，從事什麼工作，只要奉公守法，都有致富機會，都有成功希望。

## 如法求財

前面說過，正命就是合理的謀生手段，也是修學佛法的八正道之一。將謀生方式做爲修行內容，足見其對於人生的重要性。對於大多數人來說，一生中的黃金年齡幾乎都是在工作中度過。如果不能很好地利用，將是最大的浪費；如果有意無意地造下惡業，就更是得不償失。

什麼才是正命的生活呢？做爲公民，我們不能違背法律的規範；做爲佛弟子，我們還不能違背戒律的準則。在家居士必須遵循的十種善行包括：不殺生、不偷盜、不邪淫、不妄語、不兩舌、不惡口、不綺語、不貪、不瞋、不邪見。反之，則是必須避免的十不善行。在佛經中，還列舉了十種非法謀財的現象。可歎的是，這些不法行爲至今仍然存在，並繼續危害著社會大眾。

一、竊取他財：以搶劫、偷盜、詐騙等方式竊取他人財物，或將拾取的財物據爲己有。

二、違法貪污：包括走私販毒、倒買軍火及收受賄賂、偷稅漏稅等等。

三、抵賴債務：包括兩種情況，一是欠債不還，以不正當手段抵賴自己的債務；一是侵呑他物，如故意倒閉或攜款潛逃，從而侵呑他人財物。

四、呑沒寄存：以欺騙性手段，非法占有他人寄放或委託管理的錢財。

五、欺罔共財：在共同合作中，以巧立名目、僞造帳目等方式，將共同財產轉移

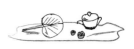

到自己名下。

六、因便侵占：利用職務之便挪用公款，損公肥私。

七、藉勢苟得：利用職權替人辦事，從中撈取錢財。

八、經營非法：包括漫天要價、短斤少兩等不正當經營手段。

九、詐騙投機：包括造假販假、以次充好等非法經營方式。

十、賭博淫業：開設賭場或色情行業以牟取暴利。

由此獲得的不義之財，不僅會玷污我們的人格，遭受世人的唾棄，更會受到法律的制裁。就像那對爲黃金所害的父子一樣，到付出慘重的代價時，已悔之晚矣。所以，我們一定要如法地追求財富。

如法求財包括開源和節流兩個方面，正如佛陀告訴我們的：

積財從小起，如蜂集眾花；

財寶日滋息，至終無損耗。
一食知止足，二修業勿怠；
三者當儲積，以擬於空乏。
四耕田商賈，澤地而置牧；
五當起塔廟，六立僧房舍。
在家勤六業，善修勿失時；
如是修業者，則家無損減。

開源就是掌握各種謀生和致富手段，節流就是勤儉節約、量入爲出。同時，我們還要勤修善業、培植福田。只要做到了這幾點，財富就會日益增長。

## 合理支配財富

如果說賺錢體現了一個人的福報，那麼，如何使用卻反映了他的智慧。很多人可

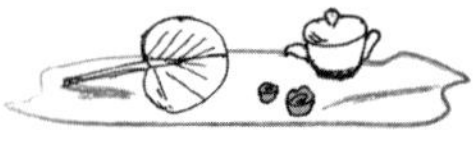

能覺得奇怪，花錢還需要智慧嗎？這個世界已經給我們提供了太多的消費管道，商店裡琳琅滿目的貨架在熱情地召喚我們，媒體上觸目可及的廣告又爲我們提供了選擇和參考。但我們要知道，改善物質生活並不是花錢的唯一途徑，也不是使財富發揮更大效用的最佳方案。世界上有很多富有的人，但既富有又能爲人敬重的卻不多。原因是什麼？主要就是取決於他們如何使用自己的財富。在對待財富的問題上，有幾種比較典型的例子。

## 不合理的使用方法

一類是大家比較熟悉的吝嗇鬼，他們珍愛金錢超過生命。即使擁有再多，依然捨不得以財富去幫助他人，不但捨不得造福社會，也捨不得給家人使用，甚至捨不得給自己享用。這在很多文學作品中都有精彩描述，如巴爾扎克塑造的老葛朗台及《儒林外史》中的嚴監生，直到生死關頭，念念不忘的依然是自己一生守護的錢財。對於這樣的人來說，即使賺再多的錢，又有什麼意義呢？他們只是財富忠實的保管者而已，當他們撒手西歸之時，這些錢不能給他們帶來任何一點利益。所以說，「身死留財，智者不爲」。這種以積攢錢財、守護錢財爲樂的方式是非常愚蠢的，當錢財不能發揮應有作用時，不過是些毫無意義的金屬和紙片。

另一種極端，是揮霍無度的暴發戶。改革開放後，一部分人先富了起來，尤其是沿海城市，很多人驟然暴富，卻沒有承受這份財富的健康心態，於是乎得意忘形，以一味揮霍來炫耀所謂的成功，沉溺於窮奢極欲的生活之中。他們將人生當作一場及時行樂的遊戲，覺得財富只有自己吃掉、花掉才眞正屬於自己，只顧自己拚命享用，卻不願爲他人付出分毫。這樣的行爲同樣爲社會所不齒，因爲他們只是在無端地浪費財富，也是在無謂地消耗自己的福報。

還有一些人，虛榮心非常強，總是花錢做表面文章。即使沒有一定的經濟實力，也要添置高檔用品，追逐時尚潮流，爲此付出再多也在所不惜，這也是錯誤的生活觀念。在他們的心目中，名牌就是身份的體現，高檔就是價值的尺度。人的基本生存所需無多，我們需要飲食維持生命，可又能吃多少？我們需要衣服抵禦寒冷，可又能穿

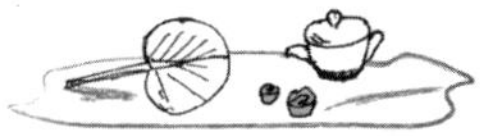

多少？但我們爲什麼在衣食無憂之後還不能滿足？因爲很多需要已不再是爲了生存，而是社會使我們產生的需要。我們吃飯，有時是爲了吃給別人看，有時又是爲了應酬而吃。穿衣也是同樣，有時是爲了炫耀，有時是爲了工作交際而穿。所以，現代人的衣食住行，已經演變爲用來攀比的道具。

還有一些人，急功近利到盲目的地步，不惜孤注一擲，將所有家產用來做風險投資。他們不僅希望財富來得多一點，再多一點，更希望財富來得快一點，再快一點。在這樣一夜致富的渴望中，人們很容易喪失正確的判斷能力，或是受騙上當，或是投資失策，最後落得傾家蕩產的悲慘結局。

## 合理分配財富

如果我們擁有財富而無理財之道，那麼，十分財富或許只能發揮一分的作用，甚至使我們爲其所害。如何合理支配我們的財富？佛陀也在經典中爲我們做了具體指導。

財富應分作四份。第一份用以保障家庭的日用開支；第二份用以投資增值，否則財富就成爲無源之水，無本之木；第三份用以儲蓄，以備不時之需；第四份用以慈善事業，一方面回饋社會大眾，一方面爲自己耕耘福田。其實這也是一種投資，是對於未來幸福的投資，而我們能從中收穫的，絕不是有限的財富所能比擬的。

哲學家西塞羅曾經說過：「追求財富的增長，不是爲了滿足一己的貪欲，而是爲了要得到一種行善的工具。」只有將財富當作「行善的工具」去追求，才能使財富發揮出更大的作用。如果社會上的每個人都能做到「有力者疾以助人，有財者勉以分人」，那麼，人間就會充滿溫暖，許多社會問題也會迎刃而解。

一味享用財富，福報總有耗盡的一天，財富就不再屬於我們所有；一味積蓄財富，財富也未必能屬於我們所有，因爲貨幣會貶值，股票會下跌，銀行會倒閉，即使將財產緊緊地鎖在保險櫃中，又能有幾分保險係數？所以佛法認爲，只有布施出去的錢財，才會眞正屬於我們所有。就像播下的種子，哪怕只有一粒之微，也會爲我們帶來百倍千倍，甚至千萬倍的收穫。

在人生旅途中，我們既是收穫者，也是播種者。只有不斷地播種和耕耘，才能使我們「恆懷歡悅，身意牢固，諸善功德皆悉具足」，也才能爲當下人生和未來解脫積累足夠的資糧。

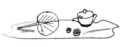

## 從物質財富到精神財富

現代人追求財富，總是停留在物質財富的基礎上，以爲擁有物質財富就有了人生的一切。其實，物質財富只能滿足人生基本所需，是生命的低級需求。如果一個人只會追求物質財富，那只能說明他的生命層次很低。一味停留於物質財富的追求，其生命層次永遠無法提升。所以，當一個人的物質財富可以滿足基本生存時，應該進而追求精神財富。

### 何為精神財富

在人類的文明進程中，祖先爲我們留下了豐富的文化遺產，其影響之深遠非物質財富可以比擬。回顧歷史，無論是古羅馬的繁榮，還是盛唐時的富足，都不再能爲今天的我們提供任何物質幫助。保留下來並至今影響著我們的，是古聖先賢的精神感召，是歷代智者的思想傳統，是源遠流長的文化積澱。

佛陀的一生，身無長物，居無定所，卻爲我們留下了三藏十二部經典，爲我們指明了趣向解脫的道路。在他的身後，一代又一代的追隨者，都得益於佛陀留下的智慧，透過修學佛法獲得了究竟安樂。除此而外，還有耶穌爲我們留下的博愛精神，孔子爲我們留下的仁義教育……無法想像，如果沒有這一切，我們今天的文化會是怎樣？我們今天的世界又會是怎樣？

在自然界的所有生物中，唯有人類同時擁有精神和物質的雙重世界。飛鳥走獸都懂得爲覓食奔忙，如果人類也僅僅是爲了生存而生存，那和動物又有什麼區別？當基本生存解決之後，我們對生活的感受，更多是來自於精神體驗，它的平衡與否，正是決定人生幸福的關鍵所在。

我們的精神世界，主要由道德品質、文化素養和人生經驗組成。一個擁有美德的

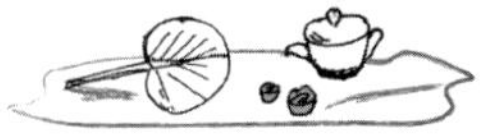

聖賢，不論處於什麼樣的時代，都能潔身自好；一個洞明世事的智者，不論遭逢什麼樣的人生境遇，都能從容面對。所以說，只要擁有充實的內心世界，我們就有能力抵禦外界的一切干擾。

## 精神財富甚於物質財富

物質財富是外在的，雖然我們擁有房產、存摺，擁有汽車、家電，但所謂的擁有，只是一份使用權或保管權而已。佛教說財富是水災、火災、盜匪、惡王、不肖子五家共有，或是天災，或是人禍，都會將它們化爲烏有。所以，這些身外之物是虛幻不實的，隨時可能更換主人，而內在的精神財富才是眞正可以依賴的無價之寶。

我們可能會失去財富，但不會失去智慧；我們可能會失去健康，但不會失去慈悲；我們可能會失去家庭，但不會失去愛心；我們可能會失去事業，但不會失去信仰。

如果智慧、慈悲、愛心和信仰也會失去的話，那只是由於我們不加珍惜而選擇了放棄，選擇了自甘墮落。我們歎息世風日下，歎息人心不古，事實上，這正是由於人們精神世界的貧乏所致。在今天，舊的價值觀被推翻了，新的價值觀卻沒有如期而至。在丟棄了「越窮越光榮」的口號之後，壓抑已久的物欲幾乎在一夜之間就被無休止地激發出來。隨著社會商業化的進程，人們的貪欲空前地膨脹起來：對奢侈品的需要，對財富積累的需要，對權利和虛榮的需要……這些需要是如此迫切，使我們來不及按部就班地去實現。俗話說「財迷心竅」，當我們眼中只剩下金錢的時候，不僅職業道德不見了，甚至倫理道德也不見了。

在金錢掛帥的旗幟下，很多人似乎已經忘卻了精神需求。正是這種忘卻，使我們的內心處於嚴重的失衡狀態。爲什麼現代人對物質的需求如此迫切？對財富的積累如此貪婪？就是因爲在我們的內心世界中，沒有明確的目標在指引，沒有崇高的理想在驅動，沒有堅定的信仰在支撐，甚至沒有道德的力量在約束。爲了追求物質財富，我們不僅忽略了精神財富，甚至以喪失精神財富爲代價。當我們的精神世界成爲一片廢墟之時，物質能否塡補其間的空白？能否成爲我們人生的無悔追求？

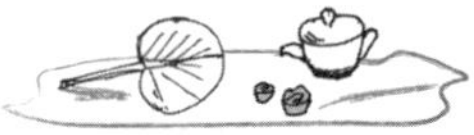

失去物質財富，只會使生活受到暫時影響；而一旦失去精神財富，不僅會影響到我們一生，更會殃及後代。不難想像，一個精神空虛的父母會給子女什麼樣的教育？一個見利忘義的長者會給後代什麼樣的影響？所以，精神文明建設並不是一句空洞的口號，而是到了刻不容緩的地步。因爲我們的所作所爲將直接影響到我們未來的人生，影響到我們的子孫後代，影響到人類的發展前景。

所以，我們要培養心靈深處的慈悲和愛心，培養生命內在的信仰與智慧。對於人生來說，這才是最重要的財富，才是永遠可以從中得到受益的源泉。

## 法財甚於世財

做爲佛教徒來說，除了追求世俗財富而外，更要追求功德法財。什麼是功德法財呢？那就是佛法。

在《華嚴經》中，佛陀告訴我們：「諸供養中，法供養最，所謂如說修行供養、利益眾生供養、攝受眾生供養、勤修善根供養、不離菩提心供養。」不僅供養如此，在我們所熟悉的《金剛經》中，佛陀還處處以校量功德的方式，告訴我們法布施的利益：「若有人以滿無量阿僧祇世界七寶持用布施，若有善男子善女人發菩提心者，持於此經乃至四句偈等，受持讀誦，爲人演說，其福勝彼。」所以說，無論是供養還是布施，功德法財都遠比世間財富更爲殊勝。

我們知道，世間的資產有固定資產和流動資產之分。事實上，所謂的固定資產也只具有相對的穩定性，房產會折舊，設備會損耗，它們的使用壽命都是有限的。如果說有什麼可以稱爲人生的固定資產，那麼只有功德法財才是當之無愧的。功德法財似乎是無形的，但它卻不會隨著我們的死亡而消失，不會隨著生命形式的轉換而失去價值。不僅如此，這善的種子還會不斷爲我們帶來豐厚的饋贈。從這個角度來說，法財對於人生的意義遠遠超過了有形的錢財。

佛經中，處處強調法財較之世俗財富的重要性。因爲佛法可以幫助我們解決人生困惑，樹立正確的人生觀念；可以幫助我們解脫人生煩惱，開發生命中的無盡寶藏。成就智慧，成就無量功德，其意義絕不是物質財富能夠取代的。

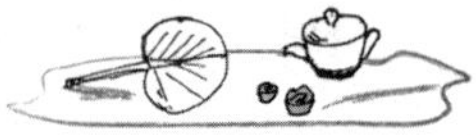

# 結語

很多人都認爲，財富是自由的保障，似乎有了錢就可以隨心所欲地生活。事實上，占有越多就越不自由。因爲欲望是被逐漸激發出來的，占有得越多，期待和牽掛也就越多。曾幾何時，萬元戶就是富裕生活的標準。可多少萬元戶因此滿足了呢？有了一萬，就會想著十萬，然後是百萬、千萬。往往是錢越多就感覺缺得越多，使生活不停地圍繞這個軸心運轉，從而忘卻了人生的根本。

有個比喻說，假如把財富、事業、榮譽、地位都比作0的話，健康就是前面的那個1。否則，即使擁有再多，也還是等於0。但我們常常意識不到這一簡單的道理，爲了掙錢毫不顧及身體。結果「年輕時以健康換金錢，年老時以金錢買健康」。那麼，健康是金錢可以買來的嗎？金錢可以換來最新的藥品，換來精細的護理，但並不能完全保障我們的健康。

從另一個角度來說，我們爲獲取財富使健康遭受的損失固然是金錢無法彌補的，但我們爲謀取私利而使心理遭受的傷害就更難以癒合。欲望是無限的，財富卻是有限的。我們爲盡可能多地占有財富，不僅直接或間接地侵占了他人利益，也使自己滋長了重重煩惱。這些內在傷害或許不會在短時間內顯現出來，但它的影響卻不會隨著時間流逝而消失。

所以，我們必須對財富有正確認識。也只有這樣，我們才能懂得如法求財、合理使用；才能從容地駕馭它，而不是被它左右；才能成爲財富眞正的主人。

# 15

# 經營企業與經營人生

—— 首屆企業家靜修營「企業與人生」論壇

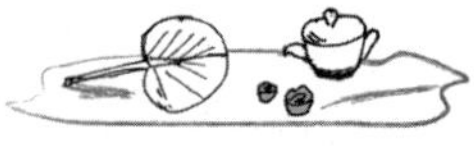

**主持人：**現在即將進行「企業與人生」論壇的對話部分。我們邀請到五位嘉賓參與這場活動：森馬集團總裁周平凡先生、西蒙電氣董事長朱建國先生、網易考拉物流總監楊海明先生、賽鵬紫玄航空發展有限公司總經理張梅女士，以及南陽國玉文化傳播有限公司總經理楊磊先生。

隨喜大家參加這樣一場活動。經過上午濟群法師開示「心經的人生智慧」，及剛才「企業與人生」的精彩講座，我想在座各位會有很多感悟和收穫。幾位企業家代表中，有的和佛法結緣較早，有的對佛法有好感，或比較好奇，還在觀望階段。不管我們現在和佛法是什麼樣的關係，今天的分享和思考，都是幫助我們理解佛法的方便。

先請各位嘉賓分享一下，今天聽完濟群法師開示後的收穫，或是在企業管理中有些什麼樣的思考，需要尋求什麼樣的智慧說明。

## 數位化時代的衝擊和改變

**周平凡：**尊敬的濟群法師，各位朋友們，我來拋磚引玉。聽了「企業與人生」這場講座，我的感受比較深。因爲我們來自傳統行業，發現數位化時代到來後，對行業的衝擊非常大。

其一，導向不再是由上而下的。可能在座各位也有這樣的感受。我們以前看電影，是看一些專家的評論後再做出選擇，但現在更多是看豆瓣評分和票房排行，再決定是否去看。這個導向是大眾而非專家形成的。在傳統的服裝行業中，流行風向是來自歐美的大諮詢公司，現在卻轉向網紅主導，而且是很多網紅，很多碎片化的資訊。

其二，我們在業務運作中，正逐步落實去中心化。因爲業務越來越多，對標國外企業，我們發現很多流程是自動化的。在這個過程中，就需要建立共同的規則。我們碰到的障礙是，各部門老總還是有中心的概念。包括我自己，也有很多經驗性的思惟習慣。但我確實看到，現在這種立足於數位化的決策，更高效，更客觀。

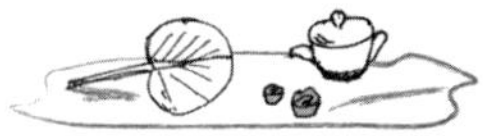

我想請教師父，由去中心化和建立共同規則所導致的衝突，怎麼才能更好地解決？

**主持人：**這是非常現代化的問題。傳統企業遇到數位化時代，該怎樣應對？

**濟群法師：**傳統企業往往以董事長或某位老總爲中心，並以他的想法做爲引導企業發展的標準和方向。這樣的企業文化，基本等同於董事長文化。應該說，這種情況有利有弊。

就像過去的封建時代，如果遇到一位賢明君主，就能安國興邦，所謂「明君出而大治」。但賢明的君主畢竟不多，如果把國運維繫於一人手中，是很不可靠的。董事長文化也是同樣，既可能得益於董事長的品行、能力，也可能受制於董事長自身的局限。

現在所說的去中心化，就意味著沒有唯一的中心，同時也意味著，每個人都可能成爲中心。那會不會變成一盤散沙呢？確實面臨這樣的隱患。所以當每個人都可能成爲中心時，如何把大家的思想統一起來，形成共同的目標，是非常重要的。

做為企業來說，首先要思考：我們的企業有沒有文化？眞正統一人的思想，統一人的信念，統一人的價值觀，靠的不是權力，而是文化。就像在中國，從宣導馬列主義、毛澤東思想到現在的建立文化自信，都是在統一大眾的意識型態。企業也是同樣，你接受的是什麼文化？是中國傳統的儒家文化、佛教文化，還是西方的基督教文化，或是現代的科技文化？不管用哪一種，都是以文化統一思想。這是不可或缺的溝通基礎。

其次，去中心化必須建立平台的運營機制，這就需要制度化和模式化的支援。現在的互聯網經營，走的是商業民主機制，但這種民主還是立足於法治的基礎。所以，西方的國際化公司很講究模式化、標準化的運營。尤其是今天這個時代，當我們不是以董事長或某個人來做經營決策時，靠什麼決定企業的發展？就是透過大量的資料分析，決定我們做什麼，不做什麼。應該說，這比人的決策更客觀。如果立足於個人經驗，永遠是有局限的，而借助一系列的相關資料，能更客觀、更標準、更全面地回饋市場需求。

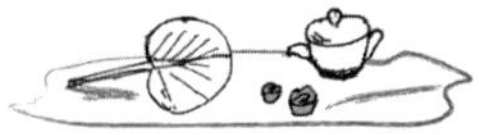

我覺得，重點就在於統一思想，建設有效的制度和模式，進而具備利他的服務精神。如果把這幾點做好，對企業發展會很有幫助。

**主持人：**我覺得當法師眞不容易，什麼都得懂，大資料、大格局、大平台、大智慧，眞是缺一不可。這樣的答覆，對現代董事長來說也是一門新課題。

## 用機制給個人鬆綁

**朱建國：**感謝師父，聽了一天的講座體會很深。我先介紹一下自己，我是西蒙電氣的董事長。這是一家西班牙獨資企業，主要做開關插座，到中國快二十年了。在開關行業中，高檔的主要有四家，西門子、施耐德、羅格朗和西蒙。我們這些年的發展還不錯，凡叫得出名的房地產公司都和我們有合作，在全國有幾百家專賣店和零售店。

我做了十多年總經理，現在做董事長和學佛有點關係。因爲我太太學了四五年佛法，我正在逐步瞭解中，覺得蠻好，也想抽點時間來學，所以和董事會說想早點退休，他們不肯，就讓我做董事長，比以前稍微空閒一點。

十年前，我上過一次「波士堂」（商業脫口秀電視節目）。主持人問了我一些問題，比如你是怎麼管理企業的，你的口號是什麼，還翻了我的筆記，上面寫的是「不以善小而不爲，不以惡小而爲之」。這話很平常，但我就是這麼管理公司的——踏踏實實地做事，認認眞眞地做人。

西蒙是外資企業，我們每季度都會和員工溝通，交流對公司的想法等。人員不是我們選定的，而是抽籤出來的。在文化、親民等方面，我們可能比一些國營企業做得好，所以這些年留住了一批很有能力的人，公司也發展迅速。

聽了法師的講座，我比較想和大家分享的一點是：財富需要積累，也要適可而止。雖然我們做企業總還是想賺錢，想比人家好，但要有限度。正如法師所說，欲望越大，你就越不滿足，越不幸福，最後甚至會迷失方向。

今天我們來到這個靜修營，有三百多位義工在服務。其實他們都不是閒人，也有很多事幹，其中很多人以前也是企業家。他們一天忙忙碌碌下來，爲錢嗎？他不

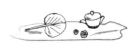

爲。他很辛苦，但很開心，很幸福。我看到眞正發自內心微笑的，正是這些義工。

我並不是說大家不要賺錢，但要知足。我太太以前是很要強的人，我在上海也買了別墅，但家裡那位會想，現在買三百平方的，以後再買五百、一千的。其實我們家就三個人，需要這麼大嗎？有時候，滿足就是一種幸福。學點佛法，能更好地放正心態，也能在公司決策時平衡一些關係。這是我想分享給大家的。

我問師父的問題是：透過什麼方式，既能學習佛法，又能平衡好和工作的關係？有時不僅是爲我，也是爲大家。你要是不在，這個企業接下來會怎樣？覺得可能對不起大家。怎樣在兩者之間找到平衡？

**主持人：**在放與不放、出世與入世之間徘徊，不知該往哪條路走，請師父開示。

**濟群法師：**如果把放和不放統一起來，把出世和入世統一起來，我想就不是問題了。在座的都是董事長或高管，在企業中有著至關重要的作用。如果一甩手，確實會對企業的各方面產生影響。怎麼在做好工作的同時，又能進退自如，不爲所縛？

必須建立一套有效的機制。當這套機制運行起來，就能做到有我沒我都可以。這樣的話，我們既能和這個企業保持關係，又能擁有超然的自由。傳統的管理方式偏向於人治，這就很難超然物外。如果建立一套模式化、標準化的機制，既能保障企業獨立、健康地運行，又不對個人形成依賴，我們在做企業的過程中就會比較輕鬆。

當然，你怎麼建立這套機制，靠什麼方法來發揮大家的積極作用，就是另一個問題了。

**主持人：**我們的很多義工，正如這位董事長所說，幸福感已經掩蓋不住了。師父一直教導我們，承擔越多的義工越要認識到，你現在做是爲了將來可以讓團隊做，幫助我們培養無我利他的精神。這是一種境界，我們都在路上，也歡迎您能加入。

## 可持續發展需要心力

**楊海明：**大家好，我來自網易考拉。我們這次來有個特殊目的，就是全身心地體驗這些活動，還想在整個集團推廣。爲什麼會有這個想法？我們是做跨境電商的，打拚三年，現在是行業第一，京東國際、天貓國際都在我們後面。取得成績很不容易，但也給我們帶來了困擾。就像長跑中，如果跑在第二第三的位置，好像很有目標，但突然第一了，幸福的煩惱就來了——接下來應該怎麼辦？

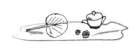

我們曾搞過戈壁的徒步、鐵人三項、荒島求生等身體上的拉練，但心怎麼清淨？這是一個問題。怎麼將佛法智慧融合在企業文化中，讓我們走得更久更穩一些？我來的時候在朋友圈說：我要去一個有著兩千多年歷史的連鎖企業學習，而且是全球性的。

**主持人：**這是來自冠軍的煩惱。行業第一來尋求如何與大家保持更和諧的關係，我們也請師父開示。

**濟群法師：**取得一定成績後，怎樣可持續發展？是很多企業家關心的。也有不少人已經意識到文化的重要性，希望透過建設企業文化爲後續發展提供動力。那麼，怎樣將佛法智慧融合在企業文化中？

你剛才說到戈壁徒步，現在很多企業家在參加類似項目，如「玄奘之路」等。因爲這些活動，他們開始從室內走到室外，堅持鍛煉，身體和生活方式都變得更健康。而在大漠荒野中，去感受天地的蒼茫和博大，也讓人開闊心胸。

但現在的「玄奘之路」，更多是停留在地理上的路線，對其中的精神內涵宣導不足。主辦方提出「理想、行動、堅持」的口號，但這個「理想」是實現自己的理想，而不是去認識，玄奘的理想到底是什麼，對今天的人有多大價值。

玄奘西行求法，不是爲了鍛煉身體，周遊列國，而是爲了追求眞理，追求生命的終極意義和永恆價值。這個理想對人類是有普世意義的。所以說，玄奘之路其實是一條文化之路、心靈之路。透過對這種文化的學習，可以幫助我們解決生命的迷惑，造就高尚的人格。我覺得，在走完玄奘之路的地理路線後，應該開始走「玄奘心路」，這才是更重要的。

對於企業家來說，如何在做企業的過程中建立精神追求，然後立足於這種精神追求，更好地發展企業，是特別需要思考的問題。西方社會也有他們的價值觀、精神追求和道德建設，有他們爲人處世的方式，這些都源於他們的文化，源於他們的宗教背景。中國人在學習西方的過程中，只接受了其中科學、商業、企業等內容，這是不完整的。

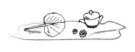

所以，我們要把西方怎麼做企業和東方怎麼做人結合起來。這些年，很多人在宣導禪商、儒商，包括現在推崇的陽明心學等，都是希望透過學習優秀傳統文化，重建我們的價值觀和人生觀。事實上，做事不是目的，而是實現精神追求的過程，不要把做事的結果當作一切。

當企業已經做到第一，好像沒什麼可比的時候，我們的目標是什麼？生命的意義是什麼？如果我們有精神追求，不管是第一還是倒數第一，其實都沒關係——因爲你知道那些都是夢幻泡影，都是人生的過程而已。

做到第一，可以成爲修行的方式之一；做成倒數第一，同樣是對人生的歷練。那樣的話，你收穫的不僅是事業，更是一份精神財富，是一種生命成長，是一項終極價值，而且是永久的價值。如果我們的成功僅僅立足於眼前的事業，不論成功與否，其實都很無常。

**楊海明：**法師在講座中說到現世利益和來世利益，對於企業來說，要照顧我的員工、客戶和股東等各方利益。有時商場和戰場一樣，我怎麼讓不同的人考慮現世和來世的利益？怎麼平衡彼此的關係？

**濟群法師：**這就需要文化來統一，需要在企業中建立利他的文化。利他，並不意味著自己就沒有利益了。當你眞正把這種文化建立起來，可能會實現更大的利益，讓企業得到更好的發展。就像稻盛和夫，可以創辦兩家世界五百強企業，並讓瀕臨破產的日航扭虧爲盈，就是因爲具備利他的精神。

如何統一思想？靠我們個人是很難做到的。因爲個人的想法未必有說服力，也很難照顧到方方面面，但如果我們依託某種文化背景，尤其像佛法的人生智慧，這種慈悲、利他的精神高度，及心性、因果等具有普世價值的理論，是可以把各方思想統一起來的。

一旦大家接受了同樣的思想，彼此就容易協調了。當每個人都想著利他，並遵循

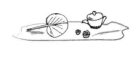

相應道德時，就是共贏的基礎。有了這種向上的力量，不僅可以讓企業健康發展，也能讓參與其中的每個人受益無窮。

## 共用經濟時代最應該共用佛法

**主持人：**接下來是今天在場的唯一女性代表，是位造飛機的女中豪傑。

**張梅：**感恩師父，能有這樣一個機會。我叫張梅，法名淨慈，是二〇一六年皈依的。我畢業於北京航空航太大學飛行器設計專業，從事飛機行業已經很多年，既在中國的飛機研究所設計過飛機，也到我們的航空公司維修過飛機。在座的應該常坐飛機，但可能沒坐過國產的，基本上一半是波音的，一半是空客的。

我離開航空公司後，開始給香港人打工，引進航空設備。隨著中國經濟的發展，我們開始自己研製大飛機，也引進了國外的專家，我稱他們爲腦黃金。在此期間，我看到一個商機，把空客的飛機改成貨機。因爲中國市場太大了，雙十一時，很多貨都運不出去。實際上這條路很艱辛，不斷地路演，不斷地感召，但很少有資本關注。

二〇一六年學佛後，我的心態和價值觀都有很大改變。十幾年前我做法國代理的時候，他們問我：你的信仰是什麼？我很自豪地說：我沒有信仰。我們十七八歲求知時，有個口號是「學好數理化，走遍天下都不怕」。但開始學佛後，我才知道人生智慧源於哪裡，才開始挖掘這塊寶藏，得到了很多力量，也有緣接觸到了投資人。

我們這個公司，是讓中國的資本走出去，借助波音公司的高管和技術人員，借助最高端的腦黃金，做自有智慧財產權的空客客改貨的開發。今天師父講的課，我覺得特別受用。如果我們做一件事，能做到利他、無相、無所得，是能感召到種種支持的。

這次到西園寺，是因爲我的一位師兄說：眞正修學佛法，應該是有系統、有次第的。我問怎麼才能來，後來在上海參加了讀書會，爭取到這個名額。

我的問題有兩個，想請師父開示。我接觸佛法，上了《六祖壇經》的課才知道：

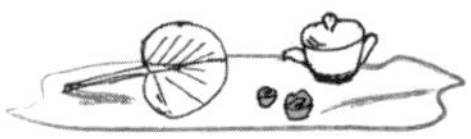

原來學佛不是燒九百九十九元或八百八十八元的香，而是學會覺知。我覺得祖先留給我們的經典太好了，就想把這麼好的東西介紹給兒子和媳婦，但他們很拒絕。這是其中一個困惑。

**濟群法師：**今天這個時代浮躁混亂，生活其中，讓人很累。我們接受佛法智慧後，對世界、人生看得越來越清楚，內心的煩惱越來越少，人也變得越來越寬容，越來越慈悲，越來越淡定，越來越安靜。正常情況下，應該會有這些改變。

我們在學習中受益了，如何介紹給身邊的人？因爲社會上很多人對佛教有誤解，這一方面來自過去所受的教育，一方面來自教界的現狀。確實有不少寺院讓人覺得，佛教無非是燒香和求求拜拜。

其實，眞正的寺院應該具備兩大功能，一是教化的功能，二是靜心的功能。過去寺院的禪堂有三個字，叫作「選佛場」，就是幫助我們成佛的道場。所以學佛不只是求佛、拜佛，更重要的是學習佛陀所說的法，學習如何成佛。從這個意義上說，寺院應該是一所學校。

怎樣學習成佛？就是從瞭解生命到改善生命，進而斷除煩惱，開發生命內在的智慧。我們對人生有困惑，透過聽聞佛法，如理思惟，可以從觀念上解決這些問題；我們的心浮躁不安，透過禪修訓練，可以幫助我們培養覺知力，讓躁動不安的心安靜下來，獲得自主力。這才是寺院應有的功能。

隨著社會的發展，信仰也在不斷內化。人們過去對信仰的訴求，更多是向外追逐。現在很多人富起來了，越來越關注精神需要。未來社會的主要問題，不是有沒有飯吃，而是要解決人們內在的困惑和煩惱，解決種種心理問題。佛法的兩大功能恰恰可以對症下藥，一是解除困惑，二是安頓身心。

如何讓更多的人瞭解這些智慧？確實要有善巧方便。比如我們有千手千眼的計畫，就是讓不同專業領域的學員，以他們熟悉和擅長的方式，爲身邊人舉辦讀書會，讓他們對佛法有正確瞭解，進而走入佛門，深入修學。這是需要方法的，不能生硬，不能想著「我一定要把好東西介紹給你」，而要以對方爲中心，以他願意接受的方式去分享。

必要時可以創造一些條件，讓他自己去瞭解。一旦有了接觸，他會發現佛教不是自己原來以爲的那麼回事。就像你們走進西園寺，參加這兩天的各種課程後，對佛教也會有不一樣的認識。

**張梅：**我們這個行業屬於「高、大、冷」，民營資本做這麼高端的很少，而且行業中百分之九十九都是男性。做爲女性，我該如何帶領這個企業，包括帶領老外？因爲我們是全資，子公司在西雅圖，就是生產波音的那個城市，多少有些膽怯。今天聽師父講《心經》《金剛經》，說「無我相，無人相，無眾生相，無壽者相」，以及用無所得的心來做事。我這兩年也背《心經》，背《金剛經》，覺得理論上還是能懂，但怎麼落實？我來之前對員工說：這兩天你們不要找我。他們說：張總你去吧，你每次禪修回來，一段時間的情緒都會很好。那就說明，和實際的距離還是很大。所以我想光背不行，還要考慮如何突破，是不是三級修學能輔佐我一下？有這麼多師兄，互相加持、鼓勵，是不是可以走下去？這是我的第二個問題。

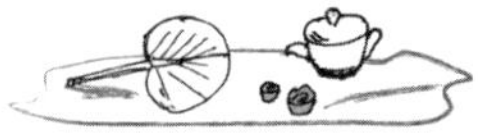

**濟群法師：**佛法博大精深，有眾多的法門、宗派和經論，所以怎麼學佛確實是很大的學問。

我弘法幾十年來，越來越清楚地看到佛法對人生的價值，看到整個社會對佛法的需求，同時也看到，多數人學佛是不得其門而入的，往往只是根據自己的感覺，東抓一下，西抓一下，學得很混亂。

怎樣才能有效學佛？在多年探索和實踐過程中，我們逐漸形成了一套修學課程。首先讓大家明確，學佛的目標是什麼——就是要走上生命覺醒之道。接著讓大家瞭解，學佛的方法是什麼，路徑是什麼，包括第一步怎麼走，第二步怎麼走，第三步怎麼走，怎麼才能一步步走到終點。

這套課程是模式化、標準化的。只要有人真正需要，我們會有義工無償地提供服務，幫助大家透過這套模式來修學佛法。包括在企業落實，在社會落實，都可以去做。我們不是要做一個團體，而是做一套課程，指出一條路徑，本著無我利他的精神，幫助更多人從佛法中受益。

**主持人：**這套課程的產品，就是我們這些穿黃衫的義工們。我們跟著濟群法師走在學佛路上，有一個共同的名字，叫作三級修學學員。雖然我們學佛時間各有長短，每個人的變化不太一樣，但我們有堅定的目標，相信可以改變自己的命運，成爲自己的主人。

## 菩薩低眉和金剛怒目都是慈悲

**楊磊：**這裡有這麼多師兄，坐到台上很緊張。剛才看到法師的微笑，我覺得緊張好了一半，然後聽法師開示，感覺無上清涼，緊張基本消除了。我與佛有緣，從事的是水晶佛造像。我們在全國算是做得比較好的一家，總設計師是中國工藝美術大師仵應汶先生。少林寺送給普丁總統的禮物，就是我們工作室的作品。

我們做手工藝，屬於工作室的模式，但也是公司的結構。我負責經營管理，在做事過程中，就像做實業的企業家一樣，會遇到各種問題。今天聽法師開示，第三部分是關於「道德與利益」，我在這方面有很多困惑。

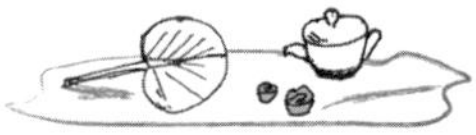

我們從事佛造像，一直遵循的原則是——雕刻佛像就像雕琢自己，透過雕刻佛像去修身修心。我們也會按佛教的一些作法爲人處世，但接觸的人和事多了之後，發現社會上有些人不按常理出牌。我們以恭敬心、慈悲心去做，但對方可能把你當成一門生意，對你施展各種技巧，讓你感覺怎麼能這樣做事？而且覺得自己越慈悲，對方對自己的傷害就越大。

這次來是想透過法師的開示尋求力量。因爲有時會有點想不通。比如小偷偷了你的東西，但五千塊錢以下不予立案，你只能自己去找，就會感覺：他犯了錯誤，是不是應該得到懲罰？有些事，如果按我們的作法去做，別人會覺得你比較軟弱。在這種情況下，能不能用非常規的方法教訓他，警示他？但有時又感覺，這樣做可能不太合適，我們也不敢去做，就覺得兩難。我覺得，這是做實業的人常會遇到的困惑，很尷尬。

**主持人**：您是要請教濟群法師道德與利益的問題吧？慈悲往往被人利用，這時候，我們做爲有信仰的人該怎麼辦？

**濟群法師：**我們學佛後，會形成自己做人做事的準則。即使沒有學佛，只要接受了一些宗教信仰，或儒家文化等道德教育，都會形成相應的準則，對社會大眾有一份寬容，有一份慈悲。

當這份寬容和慈悲遇到不對等的待遇時，我們會覺得內心受到傷害。其實，這裡有外界的因素，也有自身的因素。爲什麼這麼說？因爲這個世界不是按照你的設定和標準而存在的。

上午講座中說到，我們要學會用緣起的眼光看世界。每個人，不管我們認爲他是好人還是壞人，是小人還是君子，他的觀念和做事方式，都代表著長期以來的生命累積。他今天成爲這樣的人，有自身的成長歷程。從緣起的角度來說，不論什麼現象，其存在都有合理性，只不過我們對這個合理性缺乏充分瞭解。

當然，合理並不意味著正確——這是兩碼事。也就是說，他會成爲這樣的人，做這樣的事，都有自己的前因後果。如果我們跳出自己的設定，從緣起的智慧看問題，就更容易接納世間的人和事。即使受到不公正待遇，同樣會心生慈悲。有句

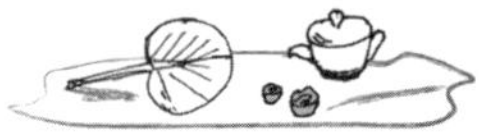

話叫作「因爲瞭解，所以慈悲」，你會看到，他沒有健康的人格，雖然在某些事上對你構成了傷害，但對他自身來說，未來的麻煩和苦果是無窮無盡的。

菩薩的修行，就是要從自己的設定中跳出來，體會每個人的苦衷。當我們這樣去做的時候，不論面對什麼，都不會受到傷害。

那我們怎麼來理解慈悲？慈悲是不是沒有原則？是一味寬容忍讓嗎？是不可以懲罰別人嗎？其實不是。慈悲是立足於我怎樣才能更好地幫助他。首先，你有沒有想著幫助他？只有你眞誠地想幫助他，才屬於慈悲心。

至於怎麼幫助他，既可以和他不計較，讓他自己去反省，也可以透過嚴厲的懲罰，讓他從中受到教育。寺院有四大天王，也有彌勒菩薩坐在中間，笑呵呵的。因爲菩薩的慈悲和對眾生的教育並不只是一種模式，有和風細雨，也有金剛怒目，雷霆手段。

所以說，不在於行爲本身，而在於你是不是以慈悲心去做。比如你遇到乞丐，覺得他是專業乞丐，到底要不要布施？到底怎麼做才是對他的慈悲？很多人糾結於這個問題。

事實上，如果你眞正出於慈悲，覺得應該讓他自立，這樣對他未來有好處，那麼你不布施就是慈悲。你如果覺得他透過這種方式生存，已經很可憐了，應該帶著慈悲心去幫助他，那麼布施也是對的。所以，不在於布施或不布施，主要在於你的心態。

對待別人的傷害也是同樣。你有智慧的話，寬容或懲罰都是對的。但你沒有智慧的話，寬容可能是縱容，懲罰可能是洩憤，都是不對的。

**主持人：**感恩師父的開示，這時考驗的不僅是慈悲，還要有智慧。師父一直教我們要悲智雙運，自利利他。

## 從利益共同體到命運共同體

**周平凡：**剛才對我們企業的介紹少了一點，我不是來做廣告，是想由此引出問題。我們是傳統企業，下面有森馬、巴拉巴拉等十幾個品牌，門店有八千個，自己的員

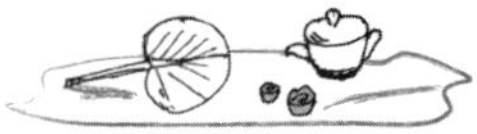

工有八千人，還有五百多個工廠，幾千個經銷商。所以企業碰到最突出的問題，就是人的問題。

我們最近準備併購一家法國企業，做兒童用品的，在法國排名第一，有兩千多名法國員工。如何處理文化和價值觀的差異，是我們面臨的首要問題。

舉個例子，我們以前曾併購一家韓國公司，其中有位資深員工，我常和他一起出差。每次我向他介紹中國美食，叫他吃他都吃，讓我覺得他很能吃。出差五六次後，他託人和我說，其實他吃不下。如果是中國員工，吃不下就拒絕了，但韓國員工不敢拒絕，老闆叫他做什麼就做。可見，文化帶來的習慣有很大差異。

再比如我們有個杜拜的客戶，他在當地開了家專賣店。有天下午到我辦公室，約好談一個小時就結束。但他對折率不滿意，必須談到他滿意爲止，否則就不走了。本來我覺得老外很守時，結果發現他在這點很像中國人。這又體現了人在某些問題上的共性。

面對這麼多人，有統一的價值觀、良好的企業文化，我覺得特別重要。同時，處理好供應商、經銷商、員工等各種角色的利益分配也很關鍵。

今天的社會都在講合夥人，而合夥人的成本正在發生變化。我們公司的主體在上海，現有兩千多名員工。每年大概有兩百名校招生，去年流失很嚴重，主要是西安的。我們以前覺得西北人比較淳樸，不愛動，爲什麼現在流失最多？發生了什麼問題？我們做了調研，發現所有在上海的校招生，三五年內都要考慮一個重大問題——買房。如果他買不起房，就覺得在上海娶不到好老婆，將來孩子的教育也成問題，所以他得找能供他房子的單位，就會有一次再選擇。大家都知道，在上海買一套房子太貴了。所以做爲企業也要考慮，這個合夥人的成本不低。

這些利益分配的矛盾，包括價值觀的衝突，都和人有很大關係。當你面對有各種訴求的員工，會覺得培養自身領導力很重要。我以前也是這樣想的，所以去了中歐等商學院，希望透過學習有所提升。

今天聽了師父的開示，我最有感觸的是，只有利他心是跨越國界的。不管韓國人、法國人、中國人，你眞正有利他心，大家是容易溝通的。我也聽過不少領導力的課，其中有共性，也有差異。後來才發現，最重要的領導力，是有一份慈悲心。現在的員工特別聰明，你和他耍手段，他很快就知道。如果你眞心幫助他，自身又比較專業，就能逐步樹起領導的威信。這是我一個比較樸素的感覺。

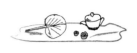

**濟群法師：**如何平衡各種人之間的利益分配？從企業來說，要建立共同體的觀念。首先是利益共同體，進而提升到命運共同體。把企業的問題變成大家的問題，把企業做的事變成大家要做的事。我想，這樣的企業管理起來就會比較輕鬆，大家做起事來就會比較自覺。否則的話，人都有自私的特點，別人憑什麼爲你做事？企業的老總們經常講，我是在爲這麼多員工打拚；但員工們可能覺得，我們都在爲老闆打工，爲老闆賺錢。誰說的對，誰說的錯呢？大家都對，大家都錯。所以，我們要建立一個共同體，做好利益分配，制定共同規則。同時也尊重文化的差異，這樣就可以在共同規則的前提下，充分發揮每個人的作用。這種機制特別重要，在很大程度上，決定了每個人能不能發揮作用，決定了我們的事業能做得多大。

過去人們做企業時，往往是立足於自身經驗，透過經驗做出判斷，更關心怎樣把一些事做起來。但在今天這個網際網路思惟的時代，價值觀的建構，企業機制的革新，都是擺在我們面前的新課題。

隨著科技的發達，技術的革新，給世界和人類生活帶來了巨大改變。如果企業主還是局限於以往的經驗，將越來越跟不上時代。這就必須有開放的胸懷，透過對優秀傳統文化和現代先進管理經驗的學習，不斷更新並突破原有的認知系統。只有跟上世界的改變，才能立於不敗之地。從另一個角度來說，只有找到跨越國界和時代的共性，才能以不變應萬變。利他和慈悲，在任何時空中，都是化解矛盾、互利互惠、與人和諧相處的根本。

# 濟群法師著作系列

## 修學引導叢書

《探索》
《走近佛陀》
《道次第之道》
《菩提大道——《菩提道次第略論》講記》
《菩提心與普賢行願》
《尋找心的本來》
《你也可以做菩薩——《入菩薩行論》講記》
《學著做菩薩——《瑜伽菩薩戒品》講記》
《真理與謬論——《辯中邊論》解讀》
《認識與存在——《唯識三十論》解讀》
《超越「二」的智慧——《心經》《金剛經》解讀》
《開啟內在智慧的鑰匙——《六祖壇經》解讀》

## 智慧人生叢書

《你也可以這樣活著》
《心，才是幸福的關鍵》

《我們誤解了這個世界》
《我們誤解了自己》
《經營企業與經營人生》
《造就美好的自己》
《走出生命的迷霧》
《禪語心燈》
《怎麼過好這生活》
《有疑惑，才能開悟》

## 以戒為師叢書

《認識戒律》
《戒律與佛教命脈——標宗顯德篇解讀》
《僧伽禮儀及塔像製造——僧像致敬篇解讀》
《出家剃度及沙彌生活——沙彌別行篇解讀》
《比丘資格的取得——受戒緣集篇解讀》
《僧伽的教育問題——師資相攝篇解讀》
《僧伽的自新大會——說戒正儀篇解讀》
《僧團的管理制度——僧網大綱篇解讀》
《僧伽的定期潛修——安居策修篇解讀》
《僧格的年檢——自恣宗要篇解讀》
《戒律與僧伽生活》

## 橡樹林文化 ❖❖ 善知識系列 ❖❖ 書目

| | | | |
|---|---|---|---|
| JB0114 | 正念的四個練習 | 喜戒禪師◎著 | 300 元 |
| JB0115 | 揭開身心的奧秘：阿毗達摩怎麼說？ | 善戒禪師◎著 | 420 元 |
| JB0116 | 一行禪師講《阿彌陀經》 | 一行禪師◎著 | 260 元 |
| JB0117 | 一生吉祥的三十八個祕訣 | 四明智廣◎著 | 350 元 |
| JB0118 | 狂智 | 邱陽創巴仁波切◎著 | 380 元 |
| JB0119 | 療癒身心的十種想——兼行「止禪」與「觀禪」的實用指引，醫治無明、洞見無常的妙方 | 德寶法師◎著 | 320 元 |
| JB0120 | 覺醒的明光 | 堪祖蘇南給稱仁波切◎著 | 350 元 |
| JB0121 | 大圓滿禪定休息論 | 大遍智　龍欽巴尊者◎著 | 320 元 |
| JB0122 | 正念的奇蹟（電影封面紀念版） | 一行禪師◎著 | 250 元 |
| JB0123 | 一行禪師　心如一畝田：唯識 50 頌 | 一行禪師◎著 | 360 元 |
| JB0124 | 一行禪師<br>你可以不生氣：佛陀的最佳情緒處方 | 一行禪師◎著 | 250 元 |
| JB0125 | 三句擊要：<br>以三句口訣直指大圓滿見地、觀修與行持 | 巴珠仁波切◎著 | 300 元 |
| JB0126 | 六妙門：禪修入門與進階 | 果煜法師◎著 | 400 元 |
| JB0127 | 生死的幻覺 | 白瑪格桑仁波切◎著 | 380 元 |
| JB0128 | 狂野的覺醒：大手印與大圓滿之旅 | 竹慶本樂仁波切◎著 | 400 元 |
| JB0129 | 禪修心經——萬物顯現，卻不真實存在 | 堪祖蘇南給稱仁波切◎著 | 350 元 |
| JB0130 | 頂果欽哲法王　上師相應法 | 頂果欽哲法王◎著 | 320 元 |
| JB0131 | 大手印之心：噶舉傳承上師心要教授 | 堪千創古仁波切◎著 | 500 元 |
| JB0132 | 平心靜氣：<br>達賴喇嘛講《入菩薩行論》〈安忍品〉 | 達賴喇嘛◎著 | 380 元 |
| JB0133 | 念住內觀：以直觀智解脫心 | 班迪達尊者◎著 | 380 元 |
| JB0134 | 除障積福最強大之法——山淨煙供 | 堪祖蘇南給稱仁波切◎著 | 350 元 |
| JB0135 | 撥雲見月：禪修與祖師悟道故事 | 釋悟因◎著 | 350 元 |
| JB0136 | 醫者慈悲心：對醫護者的佛法指引 | 確吉・尼瑪仁波切<br>大衛・施林醫生 ◎著 | 350 元 |
| JB0137 | 中陰指引——修習四中陰法教的訣竅 | 確吉・尼瑪仁波切◎著 | 350 元 |
| JB0138 | 佛法的喜悅之道 | 確吉・尼瑪仁波切◎著 | 350 元 |
| JB0139 | 當下了然智慧：無分別智禪修指南 | 確吉・尼瑪仁波切◎著 | 360 元 |

| | | | |
|---|---|---|---|
| JB0140 | 生命的實相——<br>以四法印契入金剛乘的本覺修持 | 確吉．尼瑪仁波切◎著 | 360 元 |
| JB0141 | 邱陽創巴仁波切<br>當野馬遇見馴師：修心與慈觀 | 邱陽創巴仁波切◎著 | 350 元 |
| JB0142 | 在家居士修行之道——<br>印光大師教言選講 | 四明智廣◎著 | 320 元 |
| JB0143 | 光在，心自在<br>〈普門品〉陪您優雅穿渡生命窄門 | 釋悟因◎著 | 350 元 |
| JB0144 | 剎那成佛口訣——三句擊要 | 堪祖蘇南給稱仁波切◎著 | 450 元 |
| JB0145 | 進入香巴拉之門——<br>時輪金剛與覺囊傳承 | 堪祖嘉培珞珠仁波切◎著 | 450 元 |
| JB0146 | （藏譯中）菩提道次第廣論：<br>抉擇空性見與止觀雙運篇 | 宗喀巴大師◎著 | 800 元 |
| JB0147 | 業力覺醒：揪出我執和自我中心，<br>擺脫輪迴束縛的根源 | 圖丹．卻准◎著 | 420 元 |
| JB0148 | 心經——超越的智慧 | 密格瑪策天喇嘛◎著 | 380 元 |
| JB0149 | 一行禪師講《心經》 | 一行禪師◎著 | 320 元 |
| JB0150 | 寂靜之聲——知念就是你的皈依 | 阿姜蘇美多◎著 | 500 元 |
| JB0151 | 我真正的家，就在當下——<br>一行禪師的生命故事與教導 | 一行禪師◎著 | 360 元 |
| JB0152 | 達賴喇嘛講三主要道——<br>宗喀巴大師的精華教授 | 達賴喇嘛◎著 | 360 元 |
| JB0153 | 輪迴可有道理？——<br>五十三篇菩提比丘的佛法教導 | 菩提比丘◎著 | 600 元 |
| JB0154 | 一行禪師講《入出息念經》：<br>一呼一吸間，回到當下的自己 | 一行禪師◎著 | 350 元 |
| JB0155 | 我心教言——敦珠法王的智慧心語 | 敦珠仁波切◎著 | 380 元 |
| JB0156 | 朗然明性：<br>藏傳佛教大手印及大圓滿教法選集 | 蓮花生大士、伊喜．措嘉、<br>龍欽巴、密勒日巴、祖古．◎著<br>烏金仁波切等大師 | 400 元 |
| JB0157 | 跟著菩薩發願：普賢行願品淺釋 | 鄔金智美堪布◎著 | 400 元 |
| JB0158 | 一行禪師　佛雨灑下——<br>禪修《八大人覺經》《吉祥經》<br>《蛇喻經》《中道因緣經》 | 一行禪師◎著 | 380 元 |

金翅鳥系列　JZ04
# 經營企業與經營人生

作　　　者／濟群法師
責 任 編 輯／胡琡珮、陳芊卉
業　　　務／顏宏紋

總　編　輯／張嘉芳
出　　　版／橡樹林文化
城邦文化事業股份有限公司
104 台北市民生東路二段 141 號 5 樓
電話：(02)2500-7696 #2738　傳眞：(02)2500-1951
發　　　行／英屬蓋曼群島商家庭傳媒股份有限公司城邦分公司
104 台北市中山區民生東路二段 141 號 5 樓
客服服務專線：(02)25007718；25001991
24 小時傳眞專線：(02)25001990；25001991
服務時間：週一至週五上午 09:30 ～ 12:00；下午 13:30 ～ 17:00
劃撥帳號：19863813　戶名：書虫股份有限公司
讀者服務信箱：service@readingclub.com.tw
香港發行所／城邦（香港）出版集團有限公司
香港灣仔駱克道 193 號東超商業中心 1 樓
電話：(852)25086231　傳眞：(852)25789337
Email：hkcite@biznetvigator.com
馬新發行所／城邦（馬新）出版集團【Cité (M) Sdn.Bhd. (458372 U)】
41, Jalan Radin Anum, Bandar Baru Sri Petaling,
57000 Kuala Lumpur, Malaysia.
Tel:(603)90563833　Fax:(603)90576622
Email:services@cite.my

內　　文／歐陽碧智
封　　面／夏魚
印　　刷／中原造像股份有限公司

初版一刷／ 2023 年 12 月
ISBN ／ 978-626-7219-70-6
定價／ 380 元

城邦讀書花園
www.cite.com.tw


國家圖書館出版品預行編目（CIP）資料

經營企業與經營人生 / 濟群法師著 . -- 初版 . -- 臺北市：橡樹林文化，城邦文化事業股份有限公司出版：英屬蓋曼群島商家庭傳媒股份有限公司城邦分公司發行，2023.12
面；公分 . --（金翅鳥系列；JZ04）
ISBN 978-626-7219-70-6（平裝）

1. CST: 佛教修持　2.CST: 企業經營

225.87　112017290

廣　告　回　函
北區郵政管理局登記證
北台字第10158號

郵資已付　免貼郵票

104台北市中山區民生東路二段141號5樓

城邦文化事業股份有限公司

# 橡樹林出版事業部　收

請沿虛線剪下對折裝訂寄回，謝謝！

|橡|樹|林|

書名：經營企業與經營人生　書號：JZ04

橡樹林文化

# 讀者回函卡

感謝您對橡樹林出版社之支持，請將您的建議提供給我們參考與改進；請別忘了給我們一些鼓勵，我們會更加努力，出版好書與您結緣。

姓名：________________ □女 □男 生日：西元__________年

Email：________________________________

● 您從何處知道此書？

□書店 □書訊 □書評 □報紙 □廣播 □網路 □廣告 DM □親友介紹

□橡樹林電子報 □其他__________

● 您以何種方式購買本書？

□誠品書店 □誠品網路書店 □金石堂書店 □金石堂網路書店

□博客來網路書店 □其他__________

● 您希望我們未來出版哪一種主題的書？（可複選）

□佛法生活應用 □教理 □實修法門介紹 □大師開示 □大師傳紀

□佛教圖解百科 □其他__________

● 您對本書的建議：

________________________________

________________________________

________________________________

________________________________

________________________________

非常感謝您提供基本資料，基於行銷及客戶管理或其他合於營業登記項目或章程所定業務需要之目的，家庭傳媒集團（即英屬蓋曼群商家庭傳媒股分有限公司城邦分公司、城邦文化事業股分有限公司、書虫股分有限公司、墨刻出版股分有限公司、城邦原創股分有限公司）於本集團之營運期間及地區內，將不定期以MAIL訊息發送方式，利用您的個人資料於提供讀者產品相關之消費與活動訊息，如您有依照個資法第三條或其他需服務之務，得致電本公司客服。

我已經完全瞭解左述內容，並同意本人資料依上述範圍內使用。

________________（簽名）

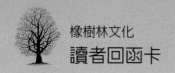